FACULTÉ DE DROIT DE LILLE

LE PRINCIPE DE
PROPRIÉTÉ INDIVIDUELLE
DEVANT
L'ASSEMBLÉE CONSTITUANTE

THÈSE POUR LE DOCTORAT

L'acte public sur les matières ci-après
sera soutenu le Mardi 11 Juillet, à 10 heures 1/2.

PAR

MARCEL THIÉBAULT

JURY :

Président : M. BOURGUIN, professeur.
Suffragants { MM. JACQUEY, professeur.
DUBOIS, chargé de cours.

LILLE

IMPRIMERIE H. MOREL, RUE NATIONALE, 77

1899

THÈSE POUR LE DOCTORAT

FACULTÉ DE DROIT DE LILLE

LE PRINCIPE DE
PROPRIÉTÉ INDIVIDUELLE
DEVANT
L'ASSEMBLÉE CONSTITUANTE

THÈSE POUR LE DOCTORAT

L'acte public sur les matières ci-après
sera soutenu le Mardi 11 Juillet, à 10 heures 1/2.

PAR

MARCEL THIÉBAULT

JURY :

Président : M. BOURGUIN, professeur.

Suffragants MM. JACQUEY, professeur.
DUBOIS, chargé de cours.

LILLE

IMPRIMERIE H. MOREL, RUE NATIONALE, 77

1899

FACULTÉ DE DROIT DE LILLE

ENSEIGNEMENT

MM. Vallas (O. I. ✿), Doyen, Professeur de Droit Civil.
Féder (O. I. ✿), Professeur de Droit Civil.
Garçon (O. I. ✿), Professeur de Droit Criminel, chargé de Cours à la Faculté de Paris.
Lacour (O. I. ✿), Professeur de Droit Commercial.
Bourguin (O. I. ✿), Professeur d'Économie politique.
Mouchet (O. I. ✿), Professeur de Droit Romain.
Jacquey (O. I. ✿), Professeur d'Histoire du Droit.
Wahl (O. A. ✿), Professeur de Procédure Civile.
Jacquelin (O. A. ✿), Professeur de Droit Administratif.
Peltier, Professeur adjoint.
Collinet, Agrégé, chargé de Cours.
Margat, Agrégé, chargé de Cours.
Percerou, Agrégé, chargé de Cours.
Dubois, Chargé de Cours.

ADMINISTRATION

Vallas (O. I. ✿), Doyen.
Lacour (O. I. ✿), Assesseur.
Sanson (O. I. ✿), Secrétaire.

DOYEN HONORAIRE

De Folleville (O. I. ✿).

SECRÉTAIRE HONORAIRE

Provansal (O. I. ✿).

AVANT-PROPOS

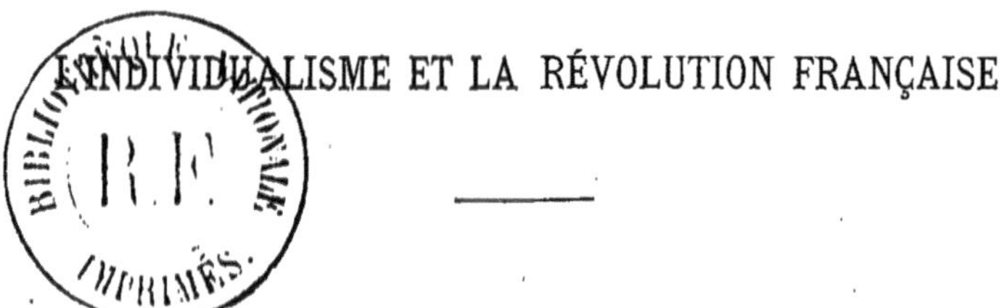

L'INDIVIDUALISME ET LA RÉVOLUTION FRANÇAISE

Il y a quelques années, un député connu lançait du haut de la tribune une boutade restée célèbre : « La Révolution est un bloc. » Ce mot souleva des discussions passionnées. Il renferme une part de vérité, en ce sens que la Révolution ayant tout embrassé, politique, religion, économie sociale, droit civil, etc., a suivi, dans ses manifestations les plus variées, une marche rigoureusement logique et des principes partout identiques. Nous voudrions, dans cette étude, aborder spécialement l'examen partiel d'une des principales réformes de cette époque, réforme tellement importante qu'on a pu dire, avec un peu d'exagération, qu'elle a été le but capital et le pivot de la Révolution ; nous voulons parler de la transformation du droit de propriété. Toutefois, nous nous bornerons à examiner uniquement le principe de la propriété foncière individuelle devant l'Assemblée Constituante, avec quelques-unes de ses applications. Mais ici, nous venons de le dire, tout est lié ; il est donc nécessaire de résoudre immédiatement un problème dont la solution doit nous servir de fil conducteur dans l'exposé des faits : quel est le sens, l'idée maîtresse de la Révolution ?

La réponse paraît facile : la Révolution se présente comme l'expression la plus complète, certains diront la plus violente, de l'esprit d'individualisme.

Et d'abord, qu'est-ce que l'individualisme ?

Provisoirement, il faut nous contenter de le définir dans son sens le plus large. En psychologie, on a défini l'individualisme : une tendance de l'individu à se prendre lui-même pour fin, à subordonner le bien des autres au sien propre. Appliqué à la politique, l'individualisme peut être considéré comme un système, ou plutôt comme un ensemble de systèmes prenant pour base théorique l'indépendance de l'individu à l'égard de la communauté, et pour but final le libre épanouissement des énergies personnelles.

Or, le but du mouvement révolutionnaire a bien été l'affranchissement de l'individu. C'est en vertu du principe d'individualisme que la Révolution se rattache par des racines profondes au passé. Louis

Blanc [1] s'est complu à nous montrer le développement progressif de cette doctrine. C'est d'abord la réforme protestante, avec Luther et Calvin, qui entreprend d'affranchir l'homme de l'autorité religieuse, en exaltant la méthode du libre examen et le commentaire strictement personnel de l'Écriture Sainte : chacun se fait à soi-même une religion propre, d'après les lumières uniques de la raison. L'individualisme apparaît encore dans la politique avec Hubert Linguet, Hotman et tout le parti protestant. C'est ensuite le sceptique Montaigne qui l'applique à la philosophie. Nous arrivons au XVIIIe siècle. Un grand effort d'individualisme se produit, qui commence le bouleversement de la société, sous les auspices de Voltaire, Condillac, Helvétius, Montesquieu, et tant d'autres. Rousseau lui-même, malgré ses contradictions, peut être considéré comme un des plus fervents individualistes. La doctrine prend corps. L'idée dominante, en politique, consiste à affirmer que l'homme n'est pas un mineur soumis pour toujours à la tutelle de l'Etat. On repousse avec horreur la théorie du bon tyran, c'est-à-dire de la contrainte exercée par l'État, dans l'intérêt et pour le bonheur des sujets. L'homme est un être raisonnable et majeur qui connaît son intérêt mieux que personne et qui a le droit d'indiquer à l'État la voie que celui-ci doit suivre. Pratiquement, le système se résout en politique par l'établissement des chartes et des constitutions monarchiques. Il produit encore, et c'est son

1. *Histoire de la Révolution française*, tome I. — Origines et causes de la Révolution française.

œuvre la plus frappante, la théorie de la séparation des pouvoirs, grâce à laquelle l'individu trouve une garantie contre les empiètements et la tyrannie de l'État. Un pas de plus, et la théorie révolutionnaire se trouve élaborée.

Nous avons dit que la Révolution avait pour but principal d'affranchir l'individu.

Pour atteindre ce but, il lui fallait tout d'abord affranchir les personnes, c'est-à-dire supprimer les distinctions de classes et de castes, réduire le pouvoir absolu de la royauté par l'établissement d'une constitution et mettre à néant le principe de la féodalité. Il lui fallait encore, de toute nécessité, affranchir les biens, sans quoi l'affranchissement des personnes eût été complètement illusoire. Ici encore, l'anéantissement de la féodalité, considérée comme féodalité civile, s'imposait ; on devait remettre la propriété du sol entre les mains de ceux qui en avaient la possession effective, supprimer les distinctions entre le domaine éminent et le domaine utile, et entraver, dans la mesure du possible, les démembrements de la propriété. On parvenait ainsi, ou l'on espérait parvenir, suivant l'expression de Mounier, à donner aux hommes le libre et entier exercice de toutes leurs facultés physiques et morales. En fait, on voulait établir la liberté, et la liberté, qu'est-ce autre chose que l'autonomie du citoyen ? Un premier dogme se trouvait donc établi : celui de la liberté individuelle.

Ce n'est pas tout. L'individu est affranchi théoriquement ; ses droits sont reconnus. Mais un second pas reste à franchir. Les principes ont ceci de propre qu'ils doivent être virtuellement applicables à tous. Or, un État se compose d'un certain nombre de citoyens. Il est donc nécessaire que la société se préoccupe des moyens d'arriver à la formation du plus grand nombre possible « d'individualités complètes et véritables ». Ceci est une pure question de fait. Il ne suffit pas de dire que les citoyens doivent être libres ; il faut encore rechercher les moyens d'en affranchir le plus possible. Dans une cité idéale, on affranchirait tout le monde sans exception; en réalité, ce désir d'affranchissement ne peut exister qu'à l'état de tendance; mais encore faut-il que cette tendance engendre des efforts matériels, et donne naissance à des lois qui la satisfassent dans la mesure du possible. L'idée d'égalité se trouve ainsi affirmée comme une conséquence nécessaire du principe de liberté individuelle.

Cette idée renferme aussi un sentiment de défiance à l'égard des corps et personnes morales, que l'on considère comme des obstacles au libre développement de l'individu.

On supprimera donc les corporations, jurandes et maîtrises ; on fera une guerre acharnée à l'Église, considérée comme la personne morale la plus puissante et la plus redoutable, et, par voie de conséquence, on essayera de l'assujettir par la confiscation de ses biens.

Mais l'État, le Gouvernement, qu'en fait-on ? Les réformateurs savent parfaitement quel est son objet ; on hésite davantage sur le rôle qu'il doit jouer, et sur la façon dont il doit remplir ses obligations. En un mot, ses attributions sont encore mal définies.

Le but de l'État est simple : permettre aux individualités de se développer dans la plus large mesure, et contribuer lui-même à ce développement. Les citoyens ont des droits : liberté, égalité. A ces droits des individus correspond le grand devoir de l'État : assurer la liberté et défendre l'égalité. Réciproquement, le citoyen doit respecter les droits des autres, et l'État a le droit de prendre certaines mesures pour réaliser son but. Seulement quelles sont les mesures que pourra prendre l'État ? C'est ici que les difficultés commencent.

On a souvent relevé dans l'œuvre révolutionnaire deux tendances opposées : une tendance individualiste qui serait de son essence même, et, à côté, une tendance contraire, qui viserait à absorber l'individu dans l'État, en donnant à celui-ci des pouvoirs exorbitants ; c'est à cette dernière tendance que l'on devrait rapporter toute une série de mesures, dites révolutionnaires, parmi lesquelles la confiscation du bien des émigrés, et celle des biens du clergé. On a proposé, en conséquence, pour apprécier l'œuvre de la Révolution, de faire un partage équitable entre « ce qui est proprement elle », c'est-à-dire son effort individualiste, et « ce qui n'est pas elle », c'est-à-dire les mesures extrêmes prises en violation de ses principes. Cette opinion est très répandue, et beaucoup d'esprits, apologistes et même détracteurs de la Révolution, s'accordent sur ce point.

Notre sentiment est tout autre ; nous voudrions essayer de démontrer, par la suite, en appliquant nos observations à la matière qui nous occupe, que tout a été logique dans l'œuvre de la Révolution, et qu'elle n'est, pour ainsi dire, jamais sortie de l'observation des principes qu'elle a posés. Nous tenterons de commencer immédiatement cette démonstration, en nous appuyant sur l'idée que la Révolution s'est faite du rôle de l'État. Remarquons, une fois pour toutes, que nous n'apprécions pas la valeur de ces principes ; chacun est libre d'avoir, sur ce point, l'opinion que lui suggèrent sa conscience et ses convictions politiques ou religieuses ; nous nous bornerons simplement à constater ce qui est.

Rappelons que les idées de la Révolution sur l'État prennent toujours leur point de départ dans l'individualisme. Aux yeux des Constituants, c'est l'État qui a des devoirs envers les citoyens. Les droits qu'on accorde à l'État lui permettront simplement d'appliquer les deux principes de liberté et d'égalité. Quels seront donc ces droits de l'État ?

Il faut d'abord, suivant Mirabeau, un gouvernement fort et une centralisation puissante. L'Etat ne doit souffrir, près de lui, aucune personne morale qui puisse lui porter ombrage. Or, le seul moyen de faire disparaître les personnes morales, c'est de les ruiner dans leurs biens, au nom de l'intérêt des citoyens. Voilà qui justifie les confiscations. En outre, pour que chaque individualité puisse subsister et se développer librement, il faut lui assurer l'exercice du premier de ses droits qui est l'existence. L'Etat doit donc veiller sur la vie des citoyens ; il doit même la subsistance aux plus pauvres. Bien plus, il est nécessaire que l'Etat, en outre des secours passagers et accidentels, assure aux citoyens le moyen permanent d'exister. C'est la proclamation du droit au travail. « Les citoyens en commun, dit-on, ont droit à tout ce que l'Etat peut faire en leur faveur. » Et l'on ajoute » : il faut qu'aucun individu « ne manque de secours, de travail et de subsistance. » Mais les citations abondent ; il est inutile d'aller plus avant dans cette voie. Qu'on le veuille ou non, la Révolution a nettement posé, après Montesquieu et Rousseau, le dogme du droit au travail. Mais on ne saurait trop insister sur ce point, qui est capital, c'est que le droit au travail n'est pas fondé sur l'idée de charité, au sens primitif du mot, qui veut dire amour du prochain, mais bien sur une conception individualiste. On emploie assurément le mot : fraternité, mais ce mot n'est qu'un trompe-l'œil. La fraternité — ou la charité, qui n'est que le renoncement, l'oubli de soi-même en faveur des autres — est un sentiment qui ne peut prendre place dans une conception individualiste, dont il est, au contraire, la négation. Si tout citoyen, d'après la Révolution, a droit à l'existence, il puise *uniquement* ce droit dans un autre droit primordial : développer son individualité. Il ne faut point sortir de cette idée, et c'est par voie de conséquence directe, et pour lui assurer l'exercice de ce droit, que l'Etat reconnaît devoir au citoyen pauvre la subsistance et le travail.

Un mot sur notre plan. Nous étudierons tout d'abord les doctrines sociales du XVIIIme siècle sur la propriété, doctrines dont l'influence fut telle, qu'on les voit presque textuellement reproduites à la tribune par les orateurs de la Révolution. Cette étude nous permettra de dégager les principes issus de l'individualisme, qui vont désormais s'affirmer et dominer. Nous esquisserons ensuite rapidement l'état de la propriété foncière en 1789, avec les charges nombreuses qui la grevaient, et les démembrements multiples qui la compliquaient. Nous y joindrons un résumé très succinct des aspirations populaires, exprimées surtout dans les cahiers des Etats-Généraux. Ceci posé, il nous faudra, en nous appuyant toujours sur la grande idée d'individualisme, déterminer les principes directeurs qui doivent nous servir à comprendre et à juger les actes de la Constituante, en matière de propriété foncière individuelle.

Ces principes établis, nous essayerons de les appliquer, en guise de criterium, à quelques-uns des actes de la Constituante, actes relatifs à notre sujet.

Une dernière question se pose : on s'est demandé souvent quelle était la conséquence logique de la Révolution et quel groupe politique pouvait s'en dire le continuateur. L'école libérale se déclare la fille de la Révolution dont elle exalte le principe individualiste. Dans l'école adverse, un des théoriciens les plus brillants du collectivisme, M. Jaurès, s'est efforcé longuement et s'efforce tous les jours de démontrer que l'individualisme pur trouve, dans les théories socialistes, un aboutissant logique et inéluctable, parce qu'elles seules permettent le développement intégral de l'homme.

Il en tire cette conclusion que c'est au socialisme

qu'appartient l'héritage de la Révolution. La question n'est pas facile à traiter, encore moins à résoudre, parce qu'elle paraît rouler sur une équivoque. Remarquons simplement que les écoles aux tendances les plus diverses et les plus opposées sont unanimes sur ce point : à savoir que la Révolution et l'individualisme sont inséparables.

CHAPITRE I

THÉORIES SOCIALES DU XVIIIme SIÈCLE SUR LA PROPRIÉTÉ. — LA PROPRIÉTÉ FONCIÈRE EN 1789. — LES ASPIRATIONS POPULAIRES.

Les penseurs du XVIIIme siècle ont préparé directement la Révolution. Nous avons dit que leurs théories se trouvent presque textuellement reproduites à la tribune des clubs et des assemblées révolutionnaires. Quelles étaient en gros ces théories ? C'est ce que nous allons examiner tout d'abord. Nous ferons suivre cette étude de l'exposé des autres causes qui ont amené la Révolution : haine du régime féodal, situation financière déplorable du royaume, misère profonde du peuple, etc.

I

La première partie de notre étude se ramène à quatre chefs principaux : 1° théories sur l'origine et la légitimité de la propriété individuelle; 2° théories sur l'égalité des biens; 3° théories sur le rôle de l'État et sur ses attributions en matière de propriété; 4° théories physiocratiques sur l'impôt foncier. Nous avons fait une place à part aux théories physiocratiques à cause de l'influence profonde qu'elles ont exercée sur le système fiscal de l'Assemblée Constituante.

Examinons d'abord les théories sur l'origine et la légitimité de la propriété individuelle.

Au XVIIIme siècle, le régime purement communiste eut des admirateurs; mais ces admirateurs l'envisagent à un point de vue spécial, plutôt littéraire que social. N'oublions pas que la grande majorité des penseurs partent de la conception chrétienne d'un état de nature antérieur au péché originel, état de bonheur parfait et de vertu extrême.

« Qui l'ignore, dit Massillon [1], que tous les biens » appartenaient à tous les hommes en commun, que » la simple nature ne connaissait ni la propriété ni » le partage, et qu'elle laissait chacun de nous en » possession de tout l'univers? »

C'est le péché, c'est le mal qui nous a valu l'humanité nouvelle, la civilisation, et enfin la propriété individuelle. Ceux des écrivains qu'un tour d'esprit plus sceptique éloigne des théories catholiques, remontent seulement à l'organisation des républiques de l'antiquité, à celle de Sparte notamment. L'esprit classique leur a fait connaître et admirer la langue,

1. Lichtemberger. *Le Socialisme au XVIIIme siècle*, p. 350.

d'abord, puis les institutions de la Grèce ancienne et, d'une façon générale, les institutions de tous les peuples primitifs. Mais ils ne se font pas trop d'illusions et, pratiquement, ils appliquent volontiers la maxime : « Autres temps, autres mœurs ».

Dans ses *Lettres persanes* [1], Montesquieu nous dépeint la félicité des *Troglodytes* et les beautés du régime communiste. Les Troglodytes menaient une existence vile et misérable, quand une peste les décima entièrement, à l'exception de deux familles seulement. Ces deux familles avaient pour chefs des hommes de bien, qui entreprirent de régénérer leurs enfants ; ils leur enseignèrent la pratique de la vertu et de la solidarité. Ces enfants fondèrent une nation où régnaient la félicité et la communauté des biens : « Les troupeaux étaient presque toujours confondus ; » la seule peine qu'on s'épargnait ordinairement, c'était » de les partager ». Chaque citoyen ne songe qu'au bonheur de son voisin. La guerre est exécrée. Le bonheur et la paix sont l'apanage de ces heureux communistes. Cette peinture, œuvre d'un esprit ingénieux et dépourvu, au fond, d'illusions, ne constitue en somme qu'une satire amusante de la société moderne. Le ton est loin d'atteindre la violence d'une pensée célèbre de Pascal : « Ce chien est à moi, » disaient ces pauvres enfants ; c'est là ma place au » soleil.... Voilà le commencement de l'usurpation et » de la tyrannie sur toute la terre ». Mais, où la propriété est attaquée avec une violence terrible, c'est

1. *Lettres persanes*, lettres 11 à 14.

dans le passage si connu du *Discours sur l'origine et les fondements de l'inégalité parmi les hommes* de J.-J. Rousseau : Le premier qui, ayant enclos un terrain...... etc [1].

Rousseau s'exhale en plaintes amères sur la civilisation et la société. Il trace un tableau lugubre des misères qu'elles ont engendrées. L'homme était né bon. Obéissant aux seules lois de l'instinct, comme les animaux, il se nourrissait et reproduisait. La lutte contre les bêtes féroces développa ses penchants belliqueux. Il prit conscience de sa force, et commença à l'éprouver sur ses semblables. Il construisit des huttes. La famille se constitua. Le cercle des relations s'élargit ; les hommes se réunirent pour s'amuser, et admirèrent les plus forts et les plus adroits. Ceci n'alla point sans des rivalités, des haines et des jalousies. Les malheurs de l'humanité commençaient.

Un pas fut encore franchi. Les besoins nouveaux de la famille avaient provoqué le défrichement et la culture des terres. De cette culture sortirent le partage et la propriété individuelle. Le travail fut tout d'abord la source, le fait générateur de la propriété. Mais, avec cette dernière, on connut l'inégalité, la distinction des riches et des pauvres, les guerres de classes. Des haines plus violentes que jamais prirent naissance, et des querelles sans nombre troublèrent la sécurité générale. C'est alors qu'on sentit le besoin d'une société et de lois ; c'est alors que l'égalité primitive disparut pour

1. Rousseau. *Discours sur l'origine et les fondements de l'inégalité parmi les hommes*. Début de la seconde partie.

toujours. En même temps que la société, naquirent tous les maux qui l'accompagnent. Les besoins des citoyens s'accrurent. Le luxe assujettit les pauvres; la feinte charité des riches les humilia. En un mot, ce fut la dépravation universelle.

Ces anathèmes de Rousseau contre la société dérivent en grande partie de sa culture intellectuelle. Son admiration profonde et quelque peu irréfléchie des institutions de Lycurgue et des lois agraires de Rome n'avait rien de surprenant, étant données les idées de son siècle. Comme tous ses contemporains il vantait également la félicité des peuples sauvages et leur vertu; enfin, les théories communistes de Platon, et ses anathèmes contre les poètes avaient fait grande impression sur lui. Ajoutons qu'il trouvait, en lui-même et autour de lui, des raisons de haïr la société. Il vivait à une époque de corruption et de scepticisme; tous les liens sociaux et de famille s'étaient relâchés; et Rousseau n'avait pas craint de mettre ses enfants aux *Enfants assistés*, parce qu'ils n'auraient trouvé que misère avec lui.

Mais, en même temps qu'il proclamait la société mauvaise, l'écrivain reconnaissait qu'elle était nécessaire, et jamais il ne pensa qu'on dût la détruire. Bien plus, après en avoir montré les inconvénients, il n'hésitait pas à en découvrir les avantages. Dans la 9me note qui suit le *Discours sur l'inégalité*[1], il termine éloquemment une longue diatribe contre la civilisation, en se posant la question suivante : « Faut-il détruire les » sociétés, anéantir le tien et le mien, et retourner

1. *Discours sur l'origine, etc.*, note 9 *in fine*.

» vivre dans les forêts avec les ours ? » Il confesse que peu d'hommes ont l'innocence nécessaire pour rentrer dans les bois et renoncer aux vices et aux *lumières* de la civilisation. Personnellement, il reconnaît que les passions ont détruit son ancienne simplicité, que la connaissance des vérités divines lui a fait une âme nouvelle et en somme plus épurée. Lui et ses pareils sont impuissants à oublier les préceptes d'une morale inconnue des peuples primitifs. Il leur faut donc « tâcher, par l'exercice des vertus qu'ils s'obligent à » pratiquer en apprenant à les connaître, de mériter le » prix éternel qu'ils en doivent attendre ; *ils respecte-* » *ront les sacrés liens des sociétés dont ils sont les* » *membres* ; ils aimeront leurs semblables..., ils obéiront » scrupuleusement aux lois et aux hommes qui en sont » les auteurs et les ministres... » Il est vrai qu'emporté par son besoin de paraître logique malgré tout, Rousseau s'empresse d'ajouter : « mais ils n'en mépriseront pas » moins une constitution.... de laquelle.... naissent » toujours plus de calamités réelles que d'avantages » apparents. » Et ailleurs, dans le *Contrat social*, il insiste de nouveau, aux chapitres VIII et IX du livre I, sur les avantages de la société. Il nous montre (livre VIII) que le passage de l'état de nature à l'état civil substitue, dans la conduite de l'homme, la justice à l'instinct et donne à ses actions la moralité qui leur manquait auparavant.

« L'homme se voit forcé de consulter sa raison » avant d'écouter ses penchants. » Sans doute, il perd quelques avantages naturels, mais il voit ses facultés s'exercer et son âme s'élever à un tel point « que si les » abus de cette nouvelle condition ne le dégradaient » souvent au-dessous de celle dont il est sorti, il » devrait bénir sans cesse l'instant heureux qui l'en » arracha pour jamais et qui, d'un animal stupide et » borné, fit un être intelligent et un homme. » En somme, derrière ces restrictions, nécessaires pour l'unité de son œuvre, on devine que Rousseau est loin d'éprouver pour la société les sentiments d'horreur qui s'étalent en d'autres pages de ses livres. Il établit une balance entre les pertes de l'homme (c'est-à-dire la liberté naturelle et le droit de prendre tout ce qui lui plaît) et ses gains. L'homme avait autrefois *la possession* qui résulte de la force ou du droit de préemption, il a maintenant la propriété qui est fondée sur un titre positif. Enfin, il a pu acquérir la liberté morale qui, seule, « le rend vraiment maître de lui-même. »

Dans le chapitre IX, Rousseau s'étend sur le droit de propriété ; il constate que le droit de premier occupant ne devient un vrai droit qu'après l'établissement de celui de propriété. Il ajoute que tout homme a naturellement droit à tout ce qui lui est nécessaire. Quant à la communauté « bien qu'en acceptant les biens » des particuliers, elle les en dépouille, elle ne fait que » leur en assurer la légitime possession, changer l'usurpation en un véritable droit, et la jouissance en » propriété. » Enfin, Rousseau termine son chapitre par cette remarque importante : « au lieu de détruire l'égalité naturelle, le pacte fondamental substitue au » contraire une égalité morale et légitime à ce que la

» nature avait pu mettre d'inégalité physique entre les » hommes, qui deviennent tous égaux par convention » et de droit. »

Nous sommes loin, comme on voit, de l'admiration exclusive du régime communiste ; et c'est bien à tort qu'on voudrait ranger Rousseau parmi les utopistes qui en préconisent l'adoption.

C'est principalement chez Morelly que l'on trouve un exposé systématique et relativement complet du communisme. Après de violentes attaques contre la propriété individuelle, Morelly, dans la 4me partie de son *Code de la Nature*, nous donne le plan de sa constitution idéale, sous le titre de : « *Modèle de législation conforme aux intentions de la nature* ». Notons simplement ici la partie où il traite « des lois fondamentales et sacrées » qui couperaient racine aux vices et à tous les maux » d'une société[1]. » Ces lois sont au nombre de trois :

1° Rien dans la société n'appartiendra singulièrement ni en propriété à personne, que les choses dont on fera un usage actuel, soit pour ses besoins, ses plaisirs, ou son travail journalier.

2° Tout citoyen sera homme public, sustenté, entretenu et occupé aux dépens du public.

3° Tout citoyen contribuera pour sa part à l'utilité publique, selon ses forces, ses talents et son âge ; c'est sur cela que seront réglés ses devoirs, conformément aux lois distributives.

Morelly nous fait ensuite connaître quelles doivent être les lois distributives ou économiques : réglemen-

1. Litchtemberger. *Le Socialisme au XVIIIe siècle*, p. 114.

tation des professions, établissement de magasins où seront concentrés les produits, pour être ensuite distribués suivant les besoins de chacun. Enfin, il nous décrit minutieusement toute une série de mesures extrêmement rigoureuses qui assujettissent étroitement l'âme et le corps des habitants de la cité idéale. Somme toute, Morelly, esprit pessimiste et pédant, édifia un système de morale qui en fait l'un des précurseurs directs du socialisme contemporain.

Avec Mably, nous arrivons encore à un système communiste, exprimé d'ailleurs avec beaucoup plus de science et de talent que le précédent. L'influence de Mably a été très grande, au siècle dernier, et son influence égala sa popularité. Admirateur profond de l'antiquité, et en particulier de Platon, Mably estimait que l'Etat a un but moral : faire régner la vertu, et que l'établissement de la propriété fut la négation de ce but, puisqu'elle dérive essentiellement de l'égoïsme des hommes. Les idées qui nous intéressent se trouvent principalement exposées dans deux ouvrages, le premier intitulé : « *Doutes proposés aux philosophes » économistes sur l'ordre naturel et essentiel des » sociétés;* et le second : « *Législation ou principes » des lois* ». Ces deux ouvrages sont, le premier de 1768 et l'autre de 1776.

Les « Doutes... aux économistes...[1] » étaient une réponse au livre de Mercier de la Rivière sur « *l'Ordre » naturel et essentiel des sociétés politiques* » (1767),

1. *Collection complète des Œuvres de l'abbé de Mably.* Tome XI, édition Desbrière.

livre dans lequel cet économiste présentait le droit de propriété foncière individuelle comme une suite logique du droit qu'a tout homme sur sa personne propre. L'homme ayant le droit de vivre aurait par conséquent le droit de se nourrir, et finalement celui d'être propriétaire.

Mably répond que le syllogisme ne lui paraît pas des mieux assis. Quel lien y a-t-il entre le droit à l'existence et le droit à la propriété foncière ? Aucun. Si l'on peut subsister autrement que par la propriété individuelle, que devient la légitimité de celle-ci ? Mably, du reste, avait beau jeu avec le raisonnement si incomplet de Mercier, et il eut soin d'en tirer tout le profit possible.[1]

Dans son second ouvrage [2] Mably s'efforce de nous démontrer que tous les hommes sont égaux dans l'état de nature, et que l'unique source des inégalités, c'est l'inégalité même des richesses. Celles-ci furent introduites par une série d'accidents qui n'avaient rien de nécessaire ; toutes les misères en sont nées : esclavage, guerres civiles, etc..... Et Mably soutient avec force que l'égalité seule est naturelle. Il ne s'embarrasse pas de l'injuste répartition des forces et des talents; d'abord, cette dernière inégalité est bien moindre qu'on ne le suppose : si tous les hommes avaient les mêmes moyens de s'instruire et de se former, ils se ressembleraient tellement que les inégalités dites naturelles, paraîtraient bien faibles. Et quant à l'objection de l'impos-

1. *Doutes... aux économistes*. Lettre II, p. 30 à 53.
2. *Collection des Œuvres de Mably*. Tome IX ; édition Desbrière.

sibilité d'un partage égal, Mably se défend de vouloir ce partage ; il ne demande pas que tout le monde soit propriétaire ; ce qu'il veut, c'est qu'il n'y ait point de propriétaires du tout. La propriété a pour origine la paresse des uns et l'activité des autres. En stimulant l'activité de chacun par des récompenses honorifiques, on arrivera à supprimer la paresse et le mauvais vouloir; et la cause de l'inégalité disparaissant, l'inégalité disparaîtra également. Cependant, comme l'état des mœurs rend impossible le retour au communisme pur et simple, Mably propose simplement qu'on s'efforce d'arriver à une répartition moins inégale des richesses. Pour y parvenir, il faut morceler la propriété à l'infini, supprimer les impôts indirects, ne conserver que les impôts directs sur les terres, interdire les testaments, régler et limiter la possession des terres. Voilà une foule d'idées que nous retrouverons plus tard.

Nous citerons encore, parmi les communistes, le nom de Brissot. Dans son livre « *Recherches philosophiques sur le droit de propriété et sur le vol...* », il considère la propriété comme le droit donné à tout être d'en détruire d'autres, pour se conserver lui-même. Le fondement de ce droit est le besoin; la propriété est un combat. Le droit de propriété est universel, non exclusif. Brissot distingue la propriété *naturelle* et la propriété *actuelle*. Il prêche le retour à la nature : « La » nature a parlé, cet objet est à toi ; jouis. L'amour » est le seul titre de la jouissance comme la faim l'est » de la propriété » [1].

1. Benoît Malon.— *Histoire du socialisme* (édition de 1882), tome I, p. 236.

La propriété est un droit *cruel*, l'attentat à ce droit s'appelle vol, et pourtant le voleur, c'est le riche, dans l'état de nature. Autrement dit, la possession ne fonde aucun droit et la propriété exclusive est un vol. — En somme, ces théories d'un métaphysicien paradoxal sont d'une incohérence et d'une brutalité extrêmes.

De cet ouvrage de Brissot, rien n'a subsisté dans la mémoire de la postérité, sauf le mot recueilli par Proud'hon : « la propriété est un vol ».

En résumé, les partisans du communisme ont fait surtout œuvre littéraire, et ne songeaient guère à demander l'application pratique de leurs idées. Cela est si vrai que le pouvoir royal, très ombrageux cependant, n'inquiétait nullement les auteurs de ces écrits, tandis qu'il proscrivait des livres aux allures bien moins dangereuses, tels que l'« *Emile* », et qu'il faisait condamner au feu, par le Parlement, le livre de Boncerf, sur les inconvénients des droits féodaux.

Arrivons, à présent, à ceux qui admettent, sinon la légitimité, tout au moins l'utilité actuelle de la propriété foncière individuelle.

Nous retrouvons tout d'abord la plupart de ceux qui critiquaient amèrement le régime social, Rousseau en tête. Celui-ci admet que la propriété individuelle est absolument nécessaire en dehors de l'état de nature ; dans l'*Emile*, il nous montre que l'idée de propriété remonte naturellement au droit du premier occupant, par le travail. Du moment que l'Etat se trouve fondé, en vertu du contrat social, le premier devoir de l'Etat consiste à faire respecter les clauses du contrat, dont la principale est le droit des citoyens à la propriété individuelle. Ainsi, d'après Rousseau, lequel se trouve développer ici les idées de Montesquieu, la propriété, fondée sur le travail, existe en vertu de l'accord intervenu entre l'Etat et les citoyens. C'est une concession des lois civiles, éminemment respectable. Nous verrons plus tard qu'à la Constituante, Mirabeau a développé cette idée tout au long dans ses discours sur la liberté testamentaire [1]. Avec Rousseau, Mably nous déclare « qu'une fois la sottise du partage des biens consommée, » il est chimérique de penser à rétablir l'égalité. [2] »

Et ailleurs : « Il faut faire de la propriété la base de la société ».

Mais, les vrais défenseurs de la propriété, ceux qui se rattachent de plus près aux théories libérales, ce sont les physiocrates.

Dans un livre que l'on peut considérer comme le catéchisme de l'école physiocratique [3], dans les *Maximes générales du gouvernement économique d'un royaume agricole,* Quesnay consacre sa quatrième maxime à nous apprendre qu'il faut « que la propriété des » biens-fonds et des richesses mobilières soit assurée à » ceux qui en sont les possesseurs légitimes, car la » sûreté de la propriété est le fondement essentiel de » l'ordre économique de la société. C'est la sûreté de

1. *Ancien Moniteur*, tome VIII, p. 21.

2. Voir surtout la *Législation*, livre I, chapitre IV : *Des obstacles insurmontables qui s'opposent au rétablissement de l'égalité détruite*, p. 92 à 115.

3. Léonce de Lavergne. — *Les Économistes français du XVIIIe siècle.* — *Œuvres de Quesnay*, collection des principaux économistes, édition Daire, tome II.

» la possession permanente qui provoque le travail et
» l'emploi des richesses à l'amélioration et à la cul-
» ture des terres, et aux entreprises du commerce et
» de l'industrie. »

La treizième maxime ajoute plus spécialement :
« Que chacun soit libre de cultiver dans son champ
» telles productions que son intérêt, ses facultés, la
» nature du terrain lui suggèrent pour obtenir la plus
» grande production possible. »

En somme, les économistes se séparent nettement des auteurs précédemment cités, en faisant dériver la propriété du droit naturel, et non du droit civil. Ils établissent tout d'abord le droit de l'homme au bonheur, tout comme les philosophes du XVIIIe siècle. Seulement, la recherche du bonheur doit consister dans l'étude des lois qui dérivent de l'ordre naturel et essentiel des choses, ordre préexistant aux conventions humaines. Cet ordre naturel est la base obligatoire de l'ordre social normal. L'instinct du bien-être, qui est en l'homme, le conduit à l'idée d'appropriation, de propriété individuelle, et par suite à l'idée de travail. En conséquence, le législateur doit *uniquement* faire respecter : 1° la propriété de *soi*, c'est-à-dire la liberté individuelle, 2° la propriété mobilière, nécessaire à la liberté, et la propriété foncière, absolument indispensable à la création et au développement de la richesse. Avant les économistes, un de leurs précurseurs, Cantillon, avait dit : « La propriété est le fondement de la société ».

En résumé, nous nous trouvons en présence de trois groupes de systèmes. Le premier nous affirme que la propriété individuelle est mauvaise; mais comme elle existe, il faut la respecter, sous certaines conditions. D'après le second système, la propriété a pour origine le contrat social; elle a pour unique fondement le droit civil, la loi. Enfin, les physiocrates nous affirment que la propriété est d'ordre naturel. La Révolution a rejeté le premier système; elle a même fait périr Babœuf et les partisans de la loi agraire; le second système eut toutes ses sympathies; nous en verrons plus loin les conséquences.

Prenons maintenant l'idée d'Egalité.

D'abord, Montesquieu. Ses *Lettres persanes* nous avaient dépeint le bonheur des Troglodytes. Dans *l'Esprit des lois*, examinant les principes qui doivent régir un état démocratique, il nous enseigne que le principe de *vertu* [1], essentiel aux républiques, a pour corollaires l'égalité et la frugalité. *L'égalité ne peut régner qu'avec le partage égal des terres.* En conséquence, la loi civile doit régler les dots, les donations, les successions. En outre, pour qu'on puisse observer les lois de la frugalité, il est nécessaire que la terre se trouve divisée non-seulement en portions égales, mais en lots de très peu d'étendue. Le bien du père se partagera également entre les enfants, et la dot des femmes sera limitée.

Tous ces préceptes n'ont plus un caractère purement littéraire et paradoxal, comme les boutades des *Lettres persanes*. Montesquieu les considère comme des règles pratiques et *nécessairement* applicables aux démocraties.

1. *Esprit des Lois*, Livre IV, ch. 7.

Bien entendu, Rousseau manifeste son enthousiasme en faveur de la plus grande égalité possible. Il déclare que dans un État bien constitué, tous les citoyens sont si bien égaux que nul ne peut être préféré aux autres. Sans doute, une loi agraire serait injuste et dangereuse, si on l'établissait avec effet rétroactif, mais rien n'empêche de prendre des précautions pour l'avenir. C'est ce qu'il nous démontre dans son « *Projet de Constitution pour la Corse* [1] ». Il veut que chaque particulier possède une certaine quantité de terre, sans avoir les moyens d'en acquérir davantage. Les dons et legs en terre seront nuls, quand ils auront pour conséquence d'accroître l'héritage du légataire en dehors des limites légales. Les hommes non mariés ne pourront tester, et la communauté sera leur héritière. En un mot, toutes les lois successorales doivent tendre à ramener les choses à l'égalité, en sorte que chacun ait quelque chose, et que personne n'ait rien de trop.

Diderot lui-même, partisan très convaincu de la propriété individuelle, qu'il estime être d'ordre naturel, comme le croyaient les physiocrates, Diderot pense qu'il convient de répandre l'esprit de communauté. Ainsi, au Pérou [2], la loi « en établissant (autant qu'il est » possible, hors de l'état de nature) la communauté » des biens, affaiblissait l'esprit de propriété, source » des vices. »

D'Alembert développe des idées identiques, en se plaçant à un point de vue purement moral. Nous

1. *Lichtemberger. Le Socialisme au XVIIIe siècle*, p. 167 à 171.

2. *Encyclopédie ;* tome 19, article *Législateur*, p. 772.

relevons enfin, dans Helvétius[1] un passage très remarquable, très différent du ton habituel de ses écrits, où ce philosophe base l'idée d'égalité sur le principe de *solidarité sociale :* « Dans la ruche de la société » humaine, il faut..... que tous les individus.... soient » forcés de concourir également au bien général et que » les travaux soient également partagés entre eux. »

Pour ce faire, il conviendrait de réaliser une moindre inégalité des richesses. Le grand nombre des non-propriétaires constitue un danger pour l'Etat. Le luxe des mauvais riches, la misère des pauvres, voilà deux sources de ruines. Où se trouve le remède ? Il faudrait multiplier le nombre des propriétaires, sans d'ailleurs recourir à la loi agraire, qui violerait le principe sacré de la propriété. Il faut assurer, chaque fois que c'est possible, des propriétés aux pauvres, s'opposer à la concentration des richesses. Helvétius termine en proposant l'idée « d'une sorte de confédération qui » diviserait la France en une trentaine de républiques, » de territoire à peu près égal, et dont chacune aurait » son intégrité garantie dans les vingt-neuf autres. » Ne pourrait-on faire entre certaines théories de Le Play (et même de M. de Mun, arrière-petit-fils d'Helvétius), et ces réflexions du philosophe que nous venons de citer, une comparaison piquante et inattendue ?

Nous arrivons à Necker[2]; on a souvent relevé les

1. Voir le résumé des doctrines sociologiques d'Helvétius dans ses *Œuvres*, tome V, p. 183 à 206. Servières et Bastien, 1792. — Voir aussi le chapitre XXII de *l'Esprit* ; tome II, p. 128 à 134.

2. *Sur la législation et le commerce des grains ;* passim.

tendances socialistes de ce dernier. Il voit dans l'égalité des propriétés « le système social qu'on a toujours » envisagé comme le plus conforme à la félicité » publique. » Il souhaite que le territoire soit partagé en petits lots; il regrette qu'on ne puisse abolir les grandes fortunes, dont l'extension est très dangereuse pour les progrès de l'agriculture.

Il constate que les petites propriétés tendent plutôt à se rassembler qu'à se diviser.

En définitive, l'idée générale des philosophes du XVIIIe siècle consiste à affirmer que l'égalité dans la propriété des biens doit être tout au moins tentée par le législateur, dans la mesure où cette égalité est compatible avec l'état actuel de la société.

Abordons maintenant la question si délicate des droits de l'Etat en matière de propriété.

Montesquieu admet que l'Etat possède des droits et doit remplir des devoirs très étendus. C'est la loi civile qui règle souverainement le partage des biens et les formes de ce partage, et qui limite la liberté testamentaire. Le droit naturel, en cette matière, n'aurait rien à voir.

L'Etat peut encore édicter des lois somptuaires, même dans les monarchies. Le droit à la subsistance se trouve exprimé avec une singulière énergie dans l'*Esprit des lois*[1] : « Quelques aumônes que l'on fait » à un homme nu dans les rues ne remplissent point » les obligations de l'Etat, qui doit à tous les citoyens » une subsistance assurée, la nourriture, un vêtement

1. *Esprit des lois*, livre XXIII; ch. 29.

» convenable, et un genre de vie qui ne soit point » contraire à la santé. » On ne peut affirmer avec plus de clarté et même de violence ce que Montesquieu considère comme le droit des pauvres.

Il va sans dire qu'avec le système du contrat social, Rousseau donne à l'État les pouvoirs les plus larges sur les biens des citoyens. Sans doute, les citoyens n'ont aliéné de leurs droits que ce qui intéresse la masse ; mais comme l'État est le seul juge de l'intérêt général, il a, en fait, tous les droits sur les biens des citoyens.

Rousseau [1] établit en vain une distinction subtile dans les termes suivants : « Le droit de propriété est » inviolable et sacré pour l'autorité souveraine, tant » qu'il demeure un droit particulier et individuel ; » sitôt qu'il est considéré comme commun à tous les » hommes, il est soumis à la volonté générale, *et cette* » *volonté peut l'anéantir.*

» Ainsi le souverain n'a nul droit de toucher au bien » d'un particulier ni de plusieurs, mais il peut légiti- » mement s'emparer du bien de tous, comme cela se » fit à Sparte, au temps de Lycurgue ». C'est la théorie du droit de confiscation. Tout le secret des prétendues contradictions de la Révolution se trouve dévoilé dans ce passage. L'expropriation sans indemnité est de droit, *chaque fois que l'intérêt de la nation l'exige,* voilà, sous une forme brutale, l'idée qui va s'imposer.

1. *Contrat social.*

Avec Linguet, nous voyons encore affirmer le droit des ouvriers en temps de disette, à être nourris par les patrons, dont ils créent la richesse. Necker déclame avec violence contre les inégalités ; il veut que le gouvernement s'intéresse au sort des ouvriers et force les patrons à les nourrir.

L'abbé Baudeau [1] proclame les droits des indigents sur les biens du clergé, et il ajoute : « Notre axiome » fondamental est que les vrais pauvres ont un droit réel » d'exiger leur vrai nécessaire. » Daniel Bargeton [2] affirme lui aussi les droits de l'Etat sur les biens du clergé et sur ceux de ses autres sujets. L'Etat peut mettre sur ces biens toutes les redevances qu'il lui plaît, car il les a concédés à titre purement révocable, qu'il l'ait voulu ou non. L'abbé Mignot [3] ajoute : « La pro- » priété des biens ne doit point son origine à la nature, » qui les avait rendus communs à tous. C'est le droit » des gens qui a introduit ces choses dans la société. » — Et ailleurs : « L'Eglise ne possède les biens dont » elle jouit, que par le même droit qui est le fondement » de la possession des particuliers, c'est-à-dire en vertu » des droits civils. Suivant ces lois, tous les biens qui » sont dans l'Etat, sont sous la puissance et sous la » direction du magistrat séculier. »

Enfin Cerfvol [4], dans son livre : *Du droit du souverain sur les biens-fonds du clergé et des moines,*

1. Baudeau : *Première introduction à la philosophie économique.*
2. Lichtemberger, *loc. cit.*, p. 383.
3. Lichtemberger, *loc. cit.*, p. 384.
4. Lichtemberger, *loc. cit.*, p. 384.

développe des arguments que nous retrouverons presque textuellement chez Mirabeau et dans les discours des orateurs du même parti.

« La masse entière des biens d'un Etat est dans la » main de la loi civile de cet état ; les particuliers n'en » sont en quelque sorte qu'usufruitiers, et n'en peuvent » disposer qu'en certaines circonstances.... On doit » respecter la propriété.... mais en ce sens seulement » qu'on ne doit pas l'altérer sans nécessité, et sans une » nécessité qui naisse de l'état actuel de la chose publi- » que.... Le pouvoir souverain qui représente la nation, » a toujours le droit de réclamer pour elle, et de faire » rendre au corps politique la substance que *d'insa-* » *tiables sangliers* avaient exprimée de tous ses mem- » bres. » (Ce dernier trait concerne les accapareurs). Quand l'Etat se trouve acculé à une situation financière mauvaise, il a le droit de prendre aux particuliers les plus riches ce qu'il lui faut. Toutefois il doit respecter les biens des familles et s'emparer de préférence des biens du clergé.

Telles étaient les théories du XVIIIe siècle, sur les droits et devoirs de l'Etat. La Constituante n'avait plus qu'à les mettre en pratique.

Parlons maintenant de la théorie de l'impôt foncier. En dehors de la théorie physiocratique, nous avons peu de choses à dire des autres systèmes. Montesquieu (dont l'influence a été très grande en cette matière) demande que les impôts ne soient point augmentés par égard pour de prétendus besoins de l'État, en empiétant sur les besoins réels des citoyens. Il loue l'impôt dégressif, approuve les lois somptuaires et attaque l'existence de la dette publique.

Il est vrai que sur tous ces points, ses préceptes n'ont guère été suivis, mais nous verrons qu'on a cependant tenu grand compte des observations de *l'Esprit des lois*. Rousseau voudrait une taxe personsonnelle exactement proportionnée aux facultés de l'individu ; mais l'établissement de cette taxe lui paraît très difficile ; il demande aussi l'impôt progressif sur le revenu, et préconise l'établissement de nombreuses taxes indirectes sur les denrées de luxe. C'est du moins l'idée qui ressort de son article *Économie*[1], dans l'Encyclopédie. Mais il faut en arriver aux physiocrates pour trouver un système complet. Selon les physiocrates, la théorie de l'impôt dérive de celle du *produit net*.

On sait que les économistes considéraient la société comme uniquement formée de producteurs et de consommateurs de blé. On connaît aussi leur division de la nation en trois classes : classe productrice, classe des propriétaire et classe stérile. Les cultivateurs prélèvent sur le *produit brut* de la culture ce qui leur est nécessaire pour vivre, pour faire vivre leurs ouvriers, et pour reproduire les récoltes à venir. Ce qui reste constitue le *produit net*, qui passe à la classe des propriétaires.

Les propriétaires emploient une partie du *produit net* à l'achat des denrées nécessaires à leur subsistance. — Les denrées sont achetées à la classe productrice, qui recouvre ainsi une partie du produit net et l'emploie à

1. *Encyclopédie*, tome XI, p. 807.

acheter à la classe stérile des objets fabriqués. — Les propriétaires emploient une autre partie du produit net à des achats variés (autres que ceux nécessaires à la subsistance) faits à la classe stérile, à des défrichements de terres, améliorations, constructions, etc.

Reste une dernière portion du *produit net*. C'est sur cette portion qu'on doit prélever l'impôt, et voici pourquoi :

Par le *produit net*, la classe des propriétaires détient le *revenu seul disponible* de l'État, et elle le détient en entier. Le plus simple est donc de s'adresser directement aux détenteurs de ce *revenu disponible* pour en tirer *toute* la contribution nécessaire aux dépenses du royaume. C'est le procédé le plus direct, le plus sûr et le moins onéreux. En effet, quand on perçoit une taxe sur les consommations, par exemple, on modifie les conditions des échanges, on gêne la liberté de chacun; le prix de vente des produits se trouve majoré : 1° du montant de la taxe ; 2° du montant des gênes et des vexations subies (très appréciables en numéraire).

D'autre part, la classe stérile n'étant qu'un intermédiaire, ce sont, en fin de compte, les propriétaires et les cultivateurs qui paient la majoration de prix.

En somme, le produit net se trouve diminué, car on doit en retrancher : 1° les sommes dépensées inutilement ; 2° le traitement d'une foule d'agents du fisc qui n'auraient pas de raison d'être, avec le système de l'impôt unique ; 3° le produit net qui résulterait de la surproduction amenée par l'application à des travaux utiles de tous ces rouages superflus.

Tel était dans ses grandes lignes le système d'imposition des physiocrates ; ceux-ci ne s'étaient pas aperçus que leur système conduisait directement à la mainmise de l'État sur tout le sol du royaume. Mercier de la Rivière écrivait même, sans bien peser les conséquences qu'aurait pu produire l'application de ses idées : « L'État est co-propriétaire de toutes les terres, et a » droit à une part du produit net ». Ainsi les physiocrates eux-mêmes, défenseurs ardents de la propriété, contribuaient, pour une large part, au développement de cette idée que l'État possède sur les biens des citoyens (dans l'intérêt de ceux-ci) les droits les plus étendus.

II

Quand on examine la situation de la propriété foncière sous l'ancien régime, on reste frappé de l'inextricable enchevêtrement qui règne partout. La multiplicité des démembrements de la propriété, la confusion entre les droits réels et les droits personnels, la fusion du droit de souveraineté et de propriété, en un mot tout ce qu'on appelait le *complexum feudale*, voilà ce qui apparaît tout d'abord aux yeux.

Au XVIIIe siècle, le suzerain n'a plus aucun droit de souveraineté. Le vassal se borne à reconnaître solennellement la tenure ; autrement dit, il reconnaît devoir à son suzerain certains services pécuniaires qui constituent les profits de fief : droit de rachat ou de relief, droit de vente ou de quint. Ces droits avaient le caractère *civil* des droits de mutation, et ils donnaient lieu à des actions civiles.

Ils étaient présumés découler d'un contrat de concession, bien qu'au fond, ils eussent été souvent imposés par la force. Quant au vassal, il possédait le domaine utile; il pouvait jouir du fonds, l'aliéner, l'hypothéquer, le sous-inféoder. Mais le fief était indivisible, il ne pouvait être démembré ni transformé en alleu; le démembrement ne pouvait porter que sur le fonds, et non sur le lien féodal; c'est-à-dire que le vassal ne pouvait pas prendre un co-vassal placé dans une situation identique à la sienne, vis-à-vis du seigneur.

On sait que la nation était divisée en trois ordres : clergé, noblesse et tiers-état. Ces trois ordres occupaient un territoire de 51 millions d'hectares. Les trois quarts des terres appartenaient au roi, aux communes, au clergé, à la noblesse. La petite bourgeoisie possédait le reste. Un mot sur chacun des trois ordres considérés comme propriétaires fonciers :

D'abord le clergé. On comptait approximativement 35.000 curés, 139 évêques et archevêques, 598 abbayes d'hommes en commende, et 252 abbayes de femmes, environ 60.000 religieux, faisant partie d'abbayes régulières, 80.000 religieuses, 12.000 prieurés, 280 canonicats de cathédrale, 5.600 canonicats de collégiale. Le tout comprenait à peu près 400.000 personnes jouissant d'un revenu de 250 millions de livres, soit 500 millions de francs d'aujourd'hui. Ces chiffres ont été considérablement grossis par certains auteurs. Le revenu des terres était d'environ 87 millions de livres. Le clergé se faisait, dit-on, avec la dîme, un revenu de 75 millions de livres.

Il est du reste très difficile de déterminer le montant exact du revenu de la dîme; il y avait beaucoup de dîmes, ce qui rend le calcul presque impossible :

Dîmes personnelles prélevées sur le travail et l'industrie, le négoce, les arts et métiers, la chasse, etc... Ces dîmes étaient dûes à la paroisse où l'on recevait les sacrements.

Dîmes réelles ou prédiales : elles portaient sur les fruits de la terre; blé, vin, grain, avoine, foin, etc.... Une part plus ou moins considérable du produit constituait la dîme. Il faut aussi comprendre parmi les dîmes réelles la dîme de *charnage*, prise sur les agneaux, et la dîme *verte*, prise sur les fourrages.

On divisait encore les dîmes en dîmes *anciennes* et *novales*, *solites* et *insolites*, *ecclésiastiques* et *inféodées*.

Nous ne faisons qu'indiquer ces divisions dont l'étude nous entraînerait trop loin.

A côté du clergé, existait un autre ordre privilégié : la noblesse. La noblesse, d'après Lavoisier, comprenait 83.000 membres en 1789. Elle possédait en fiefs la plus grande partie des terres. Beaucoup de nobles jouissaient des droits féodaux, dont les plus importants étaient la *taille seigneuriale*, les *droits de chasse*, de *banalité*, de *corvée*, de *colombier*, de *banvin*, de *péage*, de *bâtardise*, d'*aubaine*, de *garenne*, de *pêche*, etc....

Tous ces impôts, toutes ces charges étaient supportés par le tiers-état, et, en particulier, par les paysans.

Ceux-ci, au nombre de 20 millions, cultivaient les 3/4 du royaume, soit 35 millions d'hectares.

Les petits propriétaires étaient fort nombreux : 4 millions environ. Ce chiffre très élevé tenait à la disparition presque complète du servage et au morcellement de la propriété. L'état de gêne des paysans était néanmoins très grand. Les causes en étaient multiples. Au XVIIIe siècle, la population s'était accrue bien plus vite que la production.

La cherté des vivres produisait des effets déplorables : ruine des consommateurs, ruine des producteurs, que les mesures prises par le gouvernement ne faisaient qu'embarrasser.

Les chemins étaient, presque partout, en très mauvais état, les communications restaient donc très difficiles; les charges publiques : impôts royaux (taille, capitation et vingtièmes) et droits seigneuriaux ne faisaient qu'aggraver un malaise qui a beaucoup contribué à l'explosion violente de haine populaire, dont la journée du 14 juillet allait être le point de départ.

III.

Le malaise augmentait. La royauté avait compris qu'une foule de réformes étaient urgentes, et des ministres populaires s'étaient efforcés de donner en partie satisfaction aux aspirations populaires. Battu en brèche, l'édifice féodal s'effritait lentement. Le sentiment d'égalité, inné au cœur des Français, s'affirmait chaque jour avec plus de force : le pouvoir s'en émut et tenta enfin des réformes.

Turgot, le premier, essaya de remédier à la situation, en s'attaquant au régime féodal. Auparavant, rien de sérieux n'avait été entrepris. Voltaire s'était fait l'écho du sentiment public, en s'élevant contre le servage, dans une série de dix pamphlets, parus de 1770 à 1775, à propos des serfs du pays de Gex et du Mont-Jura. Il préconisait une réforme déjà opérée par Charles-Emmanuel, roi de Sardaigne. Celui-ci avait aboli le servage en Savoie, par un édit du 20 janvier 1762, et accordé aux seigneurs une indemnité en capital ; les serfs relevant du domaine royal étaient affranchis sans indemnité pour le roi. Une série d'autres édits prescrivit le rachat général des rentes et redevances féodales, d'après les principes précédemment énoncés. Voltaire demandait qu'on prît des mesures analogues en France.

De fait, en 1776, Turgot réussit à faire enregistrer six édits, supprimant, entre autres, les corvées, les jurandes et les maîtrises.

Dans la pensée de Turgot, cette mesure constituait le préliminaire d'une abolition plus ou moins complète du régime féodal. On sait combien cette victoire fut éphémère.

Turgot chargea ensuite, selon toutes probabilités, son commis Boncerf, de publier une brochure sur *Les inconvénients des droits féodaux*.

Le livre fut condamné au feu.

Au fond, Louis XVI aurait volontiers imité le roi

de Sardaigne. Il considérait toutefois — avec raison - les droits des seigneurs comme une véritable propriété, à laquelle il se fût abstenu de toucher sans indemniser les classes privilégiées. Cette indemnité était d'ailleurs très délicate à déterminer. Mais le roi opposait en outre (et ce fut sa faute capitale), une force d'inertie déconcertante à toutes les tentatives de réformes vraiment nécessaires qui lui étaient proposées.

Rempli d'excellentes intentions, doué d'un bon sens remarquable, il manquait d'énergie et d'action, et surtout il ne put ni prévoir ni par conséquent diriger la marche des évènements. Cédant aux vœux populaires, il se décida néanmoins à convoquer les États généraux, et les paroisses commencèrent la rédaction de leurs cahiers. C'est dans ces cahiers que se trouve le résumé de leurs aspirations et de leurs vœux.

Les cahiers des paroisses furent rédigés par les curés. Ils protestaient avec énergie contre le régime féodal. De théories constitutionnelles, peu ou point. On chérissait la royauté, et l'on pensait surtout aux réformes immédiatement réalisables. Les cahiers des bailliages forment le résumé des précédents ; ils dénotent naturellement une connaissance plus approfondie de la nature des droits seigneuriaux, et ils font une place bien plus large aux idées de réforme constitutionnelle. Ils réclament avec insistance une réforme foncière. Seuls, les cahiers de la noblesse sont exempts de récriminations contre les abus du régime féodal : cela n'a rien d'étonnant. De même, les cahiers du clergé parlent peu des droits féodaux.

D'une façon générale, on peut trouver dans les cahiers, tout au moins à l'état rudimentaire, la distinction qui sera reprise plus tard entre les *droits rachetables* et les *droits non rachetables*. On demande le rachat des droits fondés en équité. On souhaite l'abolition pure et simple des droits établis par la force et par la violence. Mais ce sont uniquement des vœux qu'on émet, et la question du rachat reste soumise à un accord entre les parties intéressées, sans qu'aucune mesure coërcitive puisse être prise. On demande une assiette uniforme de l'impôt et une répartition équitable. On sacrifie — avec unanimité — les privilèges locaux des villes, bourgs et corporations.

Enfin les cahiers insistaient sur la nécessité des mandats impératifs, et traçaient de la situation présente un tableau très sombre. Ce qui se dégageait, en particulier, si l'on se place à notre point de vue, c'était la nécessité d'une réforme foncière radicale.

CHAPITRE II

DÉTERMINATION DES PRINCIPES ESSENTIELS DE LA CONSTITUANTE EN MATIÈRE DE PROPRIÉTÉ FONCIÈRE INDIVIDUELLE. — LEUR APPLICATION A L'ABOLITION DU RÉGIME FÉODAL. — NUIT DU 4 AOUT.

I

On a souvent reproché aux assemblées de la Révolution, et surtout à la Constituante, leurs procédés en matière de législation. Elles commencent par édicter des principes sous une forme absolue et générale. Les principes posés, elles en déduisent les conséquences, sans prendre, dit-on, grand soin de se demander si ces conséquences sont conformes à la réalité, et si les lois votées s'adaptent au génie propre de la nation et aux besoins du moment.

Les révolutionnaires sont hantés par cette idée qu'ils travaillent pour le genre humain et non pas seulement pour la France. Leurs lois doivent s'appliquer à un type abstrait, qu'ils voient en tous lieux et dans tous les temps :

« Vous vous êtes occupés, dit Thouret [1], à la séance » du 9 août 1791, de rechercher quels étaient, anté» rieurement à la constitution politique, les droits » individuels de l'homme. Vous les avez reconnus et » consacrés d'une manière générale qui s'applique » également à tous les hommes, et qui doit servir de » règle à tous les gouvernements ».

On pourrait multiplier les citations. L'école historique a mis en lumière avec beaucoup de vigueur (M. Taine en particulier) ce vice capital des constituants et de leurs successeurs. Elle a fait nettement ressortir le danger que présentent les idées générales « dans des cervelles vides ». Ces critiques renferment une très grande part de vérité. Néanmoins, il faut reconnaître, pour être impartial, que cette abondance d'idées générales — et généreuses — n'a pas présenté que des inconvénients. Elle eut aussi des avantages qu'il est bon de mettre en lumière.

D'abord, la méthode employée convenait bien à notre génie national. Celui-ci, essentiellement déductif et généralisateur, a besoin, dans ses opérations, d'employer le syllogisme ; l'abbé Siéyès, pour ne citer que lui, nous offre, sous ce rapport, un type accompli de l'esprit français. Or, à la base de tout syllogisme, se place une idée très générale qui supporte tout l'édifice; la méthode inductive, ou même empirique, ne nous convient guère,

1. *Ancien Moniteur*, tome IX, p. 353.

parce que nous ne lui trouvons pas une clarté suffisante de prime abord, et que nous ne pouvons pas, avec son aide, embrasser d'avance toutes les parties du système que nous édifions; or, nous aimons à élaborer en une fois, et dans ses grandes lignes, tout notre système, au risque d'être obligés ensuite d'y apporter des retouches capitales qui en bouleversent l'harmonie. C'est un grand défaut assurément, mais un défaut bien français. Comment la Révolution pouvait-elle y échapper?

Il faut se rappeler ensuite que, par son universalité même, cette Révolution faisait — ou croyait faire — table rase du passé, et qu'elle devait remplacer immédiatement les principes flottants et mal assurés de la monarchie traditionnelle par un système entièrement nouveau. Les bases de ce système, elle les trouvait d'ailleurs toutes posées dans les écrits des philosophes du XVIIIme siècle, dont elle s'inspira directement. Les principes de 1789 n'ont point un caractère aussi spontané, aussi arbitraire que les apparences semblent l'indiquer. La Révolution était préparée de longue date et ses théoriciens avaient depuis longtemps mis au jour ses idées.

Enfin il n'est pas mauvais, bien au contraire, que la Révolution ait essayé de se définir elle-même, ce qui permet de la juger et de la comprendre mieux. Bien plus, malgré ces nombreux exposés de principes, il faut remarquer que les différentes écoles politiques ne s'accordent pas encore entre elles sur les doctrines (nous ne parlons même pas des conséquences) qui sont de *l'essence* de la Révolution. Que serait-ce, si cette dernière avait négligé de s'affirmer et de produire des théories générales ?

Nous disons que les écoles ne s'entendent point sur les doctrines de la Révolution. En effet, une école déclarera que les principes de 89 comprennent telle ou telle idée, mais non pas telle autre, jugée éminemment subversive. D'autre part, une école adverse nous affirmera que ces principes, niés par la précédente, sont précisément les seuls qui doivent survivre et se développer, et que l'on ne doit tenir aucun compte des principes qui ne représentent qu'une concession faite aux préjugés du temps. En un mot, chaque parti (et nous ne parlons naturellement que de ceux qui déclarent s'inspirer de la Révolution), chaque parti accapare pour soi les théories nouvelles et les principes de 89, et se refuse à voir autre chose dans la Révolution.

Si nous insistons quelque peu là-dessus, c'est que c'est en matière de propriété individuelle surtout, que ces discussions ont eu lieu, la propriété étant la base de tout l'édifice social. L'intérêt des partis exige peut-être ces interprétations absolument arbitraires; mais l'intérêt de la vérité est tout autre. Peu nous importe, en somme, que la Révolution ait émis tel ou tel principe, qu'elle n'ait pas vu les dangers de celui-ci ou les avantages de celui-là. Il faut bien se dire qu'au début de la Révolution, on ne pouvait pas prévoir toutes les conséquences des principes qu'on posait, et qu'on ne voyait pas le danger de certains entraînements. Mais rien n'autorise à déclarer que les révolutionnaires n'ont pas, en réalité, affirmé ces principes.

En outre, l'idée de révolution implique toujours un bouleversement plus ou moins radical dans les mœurs et dans les lois, et, dans notre espèce, le bouleversement était proclamé très radical. Rien d'étonnant, par conséquent, à ce que les auteurs d'une révolution se laissent entraîner un peu loin, et même beaucoup trop loin. Révolution veut dire changement et les apôtres d'une idée nouvelle ne trouvent jamais cette idée trop différente de celles qu'ils veulent abolir et remplacer. C'est ce qui nous explique qu'aux yeux mêmes de la Constituante, pourtant si modérée et si respectueuse au fond de la Royauté, certaines théories, qui nous semblent très risquées, paraissaient justes et rationnelles, comme le droit au travail, comme aussi le droit pour l'État de disposer, dans l'intérêt général, des biens des citoyens les plus riches. Mais pourquoi nier l'évidence, pourquoi s'obstiner à dire que ces idées n'étaient pas dans l'esprit de la Constituante, et ne découlaient pas des principes de 89, tels qu'on les entendait alors ?

Nous avons montré que le point de départ de la Révolution était l'esprit d'individualisme ; autrement dit, que la Révolution a surtout consisté dans l'affirmation des droits individuels, prise dans son sens le plus absolu.

Une question se pose tout d'abord, que nous devons examiner, car elle englobe tous les actes de la Révolution. Quelle est la source des droits individuels, et, par conséquent, du droit de propriété ? Différentes théories se présentent : examinons-les très rapidement, afin de reconnaître celle qui réunit les caractères distinctifs émanant de la conception révolutionnaire.

Nous rencontrons tout d'abord la théorie du *contrat social*. Le droit de l'individu, vivant en société, repose sur l'indépendance absolue de l'homme vivant à l'état de nature. Celui-ci avait tous les droits, il était absolument libre. Le contrat social intervient ensuite, exprès ou tacite, d'après lequel l'Etat s'engage à protéger les droits de chacun. En échange de cette protection, l'homme aliène la portion de ses droits strictement nécessaire à la conservation du reste. Il reste donc l'unique source de tous droits.

D'après une autre théorie, qui se rapproche beaucoup de celle-ci, par ses conclusions, il n'y a jamais eu de contrat social, mais un groupement naturel des hommes pour leur défense. L'individu puise dans sa nature tous les droits qui sont inhérents à la qualité d'homme. Les sociétés politiques ne sont que des agents de conservation et de protection. Elles n'ont aucun droit, et leur devoir strict est de respecter *l'ordre essentiel des choses*. Jamais elles ne peuvent agir dans leur intérêt propre. L'homme n'aliène aucun de ses droits ; il conserve tout entier son patrimoine primitif de liberté. On reconnait ici la théorie physiocratique.

Reste une troisième théorie ; c'est la théorie de *l'intérêt social et de l'intérêt individuel combinés*. On la trouve esquissée dans *saint Thomas*. On peut, sur le point qui nous occupe, et malgré des divergences essentielles, lui rattacher en fin de compte les systèmes sociologiques de Schelling, Haeckel, Hartmann, Schœffle, Renan [1], Espinas et Izoulet. Ecartons du système des deux derniers, l'idée qui peut paraître exagérée, d'une *conscience sociale* existant indépendamment des consciences individuelles; une idée générale se dégage, (soutenue déjà avant la Révolution) qui détermine le fondement, et limite l'étendue des droits individuels. Cette idée, la voici : La société existe dans l'intérêt général des citoyens; par conséquent, ceux-ci ont le droit de veiller au contrôle et à l'établissement du pouvoir. Mais, d'autre part, les droits individuels sont limités, car chaque nation est un corps, ayant son origine dans un phénomène naturel déterminé par la race, les circonstances historiques, etc.... Ce corps possède tout au moins un *instinct secret*, un *sentiment de son essence et de sa conservation*, qui le meut dans un sens déterminé; pour qu'il vive, il faut donc lui reconnaître des droits propres, qui s'opposent parfois aux droits individuels, bien qu'en définitive ce soient les consciences individuelles qui forment la *conscience sociale*, et dégagent les droits de la nation. C'est en quelque sorte un « instinct historique » qui doit permettre au citoyen de reconnaître — confusément parfois — et de favoriser les droits de l'Etat. En somme, l'idée de SOLIDARITÉ, de devoir social, se place ici, à côté de l'idée de droit individuel qu'elle resserre et qu'elle complète. Aux yeux d'un bon nombre de ses partisans, une des conséquences de cette théorie est l'affirmation du droit de propriété individuelle, basé

1. Voir surtout les *Dialogues philosophiques* de Renan.

non pas seulement sur les droits de l'homme, mais aussi sur l'intérêt de la communauté. La propriété individuelle se trouve aussi garantie et protégée contre les empiètements possibles de l'Etat, par la coexistence d'une autre propriété : celle des corps et personnes morales ; ces derniers s'interposant entre l'individu et l'Etat, pour faire valoir les droits du premier et balancer la toute-puissance de l'autre.

Entre ces trois théories, la Révolution a repoussé la dernière et s'est efforcée de concilier les deux premières. Mais la théorie du contrat social paraît l'avoir emporté dès le début du mouvement révolutionnaire.

Il nous faut à présent dégager les principes-bases du droit de propriété individuelle, proclamés par l'Assemblée Constituante.

« Les hommes, dit la *Déclaration des droits*[1], naissent et demeurent libres et égaux en droit. Le but de » toute association politique est la conservation des » droits naturels et imprescriptibles de l'homme. Ces » droits sont la liberté, la propriété.... La propriété » étant un droit inviolable et sacré, nul ne peut en » être privé, si ce n'est lorsque la nécessité publique, » légalement constatée, l'exige évidemment, et sous la » condition d'une juste et préalable indemnité. »

La *Déclaration* ajoute que les bornes de l'exercice des droits naturels de l'homme ne peuvent être déterminées que par la loi. Tels sont les principaux textes qui concernent notre matière.

Le premier principe établi est le *droit à la liberté*,

1. *Ancien Moniteur*, tome IX, p. 312.

c'est-à-dire le droit au libre développement de toutes nos facultés. L'homme est maître de sa personne et maître du fruit de son travail, car, de la liberté individuelle, la Constituante fait découler naturellement le droit de propriété individuelle, la liberté du commerce, de l'industrie et du travail. Quant à la liberté d'association, Rousseau avait refusé de la considérer comme un droit naturel, parce qu'elle dépasse, à ses yeux, la notion du droit individuel. Les associations à but politique paraissaient à Rousseau incompatibles avec sa théorie de la souveraineté :

« Il importe donc, écrivait-il, pour avoir bien l'énoncé » de la volonté générale, qu'il n'y ait pas de *société* » *partielle* dans l'État, et que chaque citoyen n'opère » que d'après lui » [1].

En somme : liberté individuelle et *strictement* individuelle, voilà le premier dogme.

Le second principe affirmé est le *droit à l'égalité*. Ce droit résulte du contrat social dont les clauses ont été égales pour tous. Ceux qui n'admettent point la théorie du contrat social peuvent aussi faire découler ce droit du droit naturel : les hommes *naissent* libres et égaux. La loi a pour but d'assurer la conservation de ces droits : les hommes *demeurent* libres et égaux.

Appliquons maintenant nos deux principes au droit de propriété.

La Constituante reconnaît et proclame que l'homme a droit à la propriété individuelle. Là-dessus, aucune discussion. On disserte bien sur les origines de la

1. *Contrat social.*

propriété ; on déclame volontiers contre les abus résultant de la distinction du « tien et du mien » ; mais sur l'utilité actuelle de la propriété, il n'y a point de divergence. Les partisans de la loi agraire, c'est-à-dire du partage des terres, sont peu nombreux et nullement influents à la Constituante. C'est dans l'ombre que se développent les théories babouvistes, et jusqu'au bout la Constituante respecta « le droit sacré de la propriété. » Le principe de la loi agraire fut d'ailleurs repoussé plus tard par la *Convention*, sur la proposition de Barère [1]; celle-ci vota la peine de mort contre ceux « qui s'efforceraient de faire établir la loi agraire ou » toute autre mesure subversive des propriétés terri- » toriales, commerciales ou industrielles ». En un mot, le droit de propriété est considéré comme inhérent à la nature humaine. Toutefois, et c'est ici le point délicat, il importe de détailler les caractères de ce droit, tel que le comprend la Constituante.

Tout d'abord l'Assemblée proclama que la propriété individuelle doit être *strictement* individuelle. Que l'individu, au moyen de la propriété, accomplisse sa fonction d'homme libre, rien de mieux. Mais que des personnes morales autres que l'État : clergé, congrégations religieuses, corporations, etc..., possèdent des biens en propre, voilà qui semble extrêmement dangereux pour la liberté individuelle. Afin de sauvegarder cette liberté de l'individu, l'État doit s'appliquer à combattre la puissance de toutes ces personnes morales, lesquelles, d'ailleurs, n'existent qu'en vertu d'une

1. *Ancien Moniteur*, tome XV, p. 739.

tolérance ou d'une autorisation de la loi. Le meilleur moyen de les combattre, c'est encore de leur refuser, dans la mesure du possible, le moyen de subsister; il faut, s'inspirant des circonstances, confisquer leurs biens, ou tout au moins échanger leur propriété contre une indemnité plus ou moins considérable, mais nullement obligatoire.

Le second caractère de la propriété doit consister dans sa *tendance à l'égalité.* La propriété étant un mode d'exercice des droits naturels primordiaux, et ces droits étant les mêmes pour chacun, il est logique que chaque citoyen puisse désirer et rechercher l'égalité des biens. Cette égalité, très souhaitable et fondée en droit, est impossible en fait, mais il ne s'ensuit pas nécessairement que la loi doive favoriser la disproportion des fortunes, sous prétexte que cette disproportion est dans la nature des choses. Au contraire, l'effort constant du législateur doit consister, nous le répétons, à faciliter aux individus les moyens d'être propriétaires, et de s'élever au niveau de leurs voisins, sans toutefois violer les droits déjà acquis. Le moyen pratique de concilier ces deux obligations est très simple : il suffit de confisquer les propriétés détenues par des personnes morales ou par des individus ayant commis des crimes contre l'Etat. Tous ces gens sont *hors la loi.* Ils n'ont plus droit, eux ni leurs biens, à la protection de l'Etat ; leur patrimoine servira à créer de nouveaux propriétaires, sans que l'on touche, pour ce faire, aux propriétés déjà existantes.

Le droit des citoyens est bien déterminé ; le devoir

de l'Etat se dégage avec non moins de force et de clarté. *En soi*, l'Etat ne possède aucun droit, mais le devoir qui lui est imposé de garantir aux citoyens la jouissance des droits indiqués plus haut, lui communique un certain nombre d'attributions, qui font de lui le *régulateur* de la propriété. Il assume l'obligation de prendre toutes les mesures — même violentes — qui sont nécessaires à l'établissement et au maintien des droits naturels de l'homme.

L'Etat ne fera rien que de très normal, de très naturel, en ordonnant des confiscations, en édictant des peines draconiennes pour atteindre son but. Et comme, malgré le principe d'égalité, il est impossible en fait que la nation assure une part de la propriété foncière à tous les citoyens, elle doit tout au moins fournir aux plus pauvres, à défaut d'un revenu, la nourriture et le travail qui leur permettent de vivre et de rester libres. C'est le principe de l'assistance publique obligatoire et du droit au travail. Il se rattache au droit de propriété en ce sens que, d'après la Constituante, tout homme qui travaille a droit à une part du produit de son œuvre, soit en *capital*, soit en *secours*.

Pour éclairer ce qui précède, nous allons maintenant exposer en peu de lignes, les idées émises à la tribune à propos du principe de propriété, lors de la discussion sur la *Déclaration des droits*. D'ailleurs cette discussion sur le principe lui-même fut très courte : c'est que tous les membres de l'Assemblée étaient d'accord pour reconnaître la nécessité de la propriété.

Le but de la Constituante était, comme on sait, de

poser les principes éternels qui doivent être la base du droit, dans tous les temps et dans tous les pays. On commença tout naturellement par discuter la question de savoir s'il convenait ou non de faire une déclaration des droits. Le comte d'Antraigues, à la séance du lundi 3 août 1789, insiste fortement en faveur d'une déclaration : « Il faut montrer au peuple que si les propriétés » ne sont fermement consolidées, la société est nulle, » ou n'est, dans le fait, qu'une guerre perpétuelle. » Autrement dit, il faut déclarer la propriété un droit sacré. Le mercredi 19 août 1789, Pellerin ajoutait, dans le même ordre d'idées : « Le principe de toute » société consiste dans la propriété et dans la liberté. » On tomba vite d'accord sur ce point : à savoir que de telles vérités doivent faire l'objet d'une reconnaissance spéciale, et la discussion fut ouverte.

La *Déclaration des droits* ne constituait pas, du reste, une innovation. L'Angleterre et, plus récemment, l'Amérique, avaient précédé la France dans cette voie.

Mais le caractère de ces deux déclarations était tout différent. Il avait une base *historique* et non point une base *philosophique*. En d'autres termes, l'Amérique et l'Angleterre prenaient pour point de départ les libertés particulières garanties par la coutume, et ne s'occupaient en aucune façon des autres pays. Au contraire, il s'agissait pour la France de revendiquer le droit à la liberté et à l'égalité, au nom de principes métaphysiques abstraits, et de proclamer ce droit universel et applicable à toute l'humanité. De fait, on avait un modèle tout tracé dans une déclaration de Philadelphie, rédigée en

1774 et qui avait précédé la déclaration spéciale (ou historique) de 1775.

Cette première déclaration de Philadelphie paraît avoir influé profondément sur le projet de La Fayette [1], projet présenté le 11 juillet. D'après La Fayette, il était nécessaire de rappeler souvent aux hommes les sentiments que la nature a gravés dans leur cœur : « Pour » qu'une nation aime la liberté, il suffit qu'elle la connaisse ; pour qu'elle soit libre, il suffit qu'elle le veuille. » Et La Fayette indiquait ceux des droits de l'homme qui lui paraissaient inaliénables et imprescriptibles : parmi ces droits, il rangeait bien entendu la propriété. Le projet de La Fayette fut renvoyé au comité de constitution, à la demande de Lally.

Le 20 juillet, Siéyès [2] présente à son tour son projet de Déclaration. Il prend l'homme en société, sans s'occuper de l'homme de la nature, du sauvage. Il reconnaît que le but de la société est de garantir et de développer la liberté et la propriété. Il est des droits qui doivent appartenir à tous : ce sont les droits *civils* ; d'autres sont l'apanage des citoyens assez instruits pour les exercer : ce sont les droits *politiques*. Enfin il faut un gouvernement à la société, et ce gouvernement n'a point de *droits* ; il n'a que des *devoirs*. On retrouve ici l'idée chère aux constituants : le gouvernement existe uniquement dans l'intérêt des individus, et il ne peut rien exiger d'eux qu'en vertu de cet intérêt même.

1. *Ancien Moniteur*, tome I, p. 14[illegible], 156.

2. *Ancien Moniteur*, tome I, p. 212.

Les projets de Sieyès et de La Fayette furent réunis en un seul, présenté par les bureaux de l'Assemblée. La discussion qui suivit n'offre pas grand intérêt, au point de vue spécial qui nous occupe. Mirabeau et Malouet, moins abstraits ou plus empiriques que leurs collègues, tentèrent de démontrer qu'il était dangereux de rédiger une déclaration des droits avant d'avoir élaboré complètement la Constitution. En effet, des contradictions étaient à craindre, entre la déclaration et le texte de la Constitution. Mirabeau ajoutait qu'il était presque impossible, en commençant par une déclaration, de ne pas empiéter sur le domaine proprement dit de la législation.

D'autre part, si l'on restait dans le domaine des généralités, on faisait œuvre inutile, car tout le monde pourrait tirer d'une déclaration trop vague les conséquences les plus diverses et les plus contradictoires. Pour toutes ces raisons, il convenait donc d'attendre. L'ajournement fut repoussé et la discussion continua. On proclama les droits naturels, inaliénables et sacrés de l'homme, parmi lesquels on rangeait la liberté individuelle, l'égalité et la propriété. Pour parachever 'œuvre de justice, on décréta qu'il serait créé un établissement général de secours publics « pour élever » les enfants abandonnés, soulager les pauvres infirmes » et fournir du travail aux pauvres valides qui n'auraient » pu s'en procurer ».

Il ne suffisait pas de reconnaître des droits; il fallait encore en garantir l'application et poser les règles d'un gouvernement propre à cette fin.

Le comité de constitution continua donc ses travaux.

Mounier fournit un projet qui ressemblait fort à la constitution anglaise. Bien que ce projet s'appliquât très bien, dans ses grandes lignes, à une monarchie constitutionnelle dans le genre de celle que l'immense majorité des membres de l'Assemblée souhaitaient alors, les idées de Mounier furent accueillies avec une défaveur marquée. Sans qu'ils en eussent nettement conscience, les esprits aspiraient à la République et réprouvaient instinctivement les institutions monarchiques, quoique tempérées, qu'on leur présentait comme propres à transformer le pouvoir absolu de la royauté française.

Les discussions furent bien moins vives en ce qui concernait les droits civils, et en particulier, le droit de propriété. Les principes étaient depuis longtemps posés. Les *cahiers* de Paris avaient nettement déclaré que les hommes, étant égaux, avaient tous droit à la liberté naturelle, civile et religieuse, à la sûreté personnelle, à l'indépendance absolue de toute autorité autre que la loi. On ne pouvait rien ajouter à cette déclaration. En outre la Constituante votait une série de mesures propres à assurer la liberté et l'égalité. On abolissait le droit d'aînesse, on décrétait l'égalité des partages successoraux, on supprimait les jurandes et maîtrises, toutes mesures que nous étudierons plus loin. Il y eut d'ailleurs quelques protestations isolées, en dehors de celles des membres de l'extrême-droite.

C'est ainsi que Marat[1] se plaint amèrement de

1. Voir aussi Janet, *Origines du socialisme*, p. 86.

l'abolition des jurandes et des maîtrises : « Quand » chaque ouvrier peut travailler pour son compte, il » cesse de vouloir travailler pour le compte d'autrui. » Dès lors, plus d'ateliers, plus de manufactures, » plus de commerce. »

Nous avons peu de chose à ajouter sur les discussions que provoqua la Déclaration des droits. Partout on voit que le propriétaire est l'objet d'une faveur marquée.

En 1791, quand on discute la Constitution, on s'accorde à reconnaître que le propriétaire garantit la stabilité de la société, et que tout électeur devrait être par conséquent propriétaire.

Malouet, le 8 août 1791, nous donne la raison de cette faveur qui s'attache aux propriétaires :

« Quelle est, dit-il, la condition sociale dans » laquelle il se trouve le plus constamment une » habitude de volonté et de moyens tendant au bien » général ? C'est celle qui a le plus besoin d'ordre et » de protection, la condition des propriétaires : ceux-ci » ont pour intérêt dominant la conservation de leur » état... Le gouvernement le mieux ordonné est donc » celui dans lequel les propriétaires seuls influent, car » ils ont, comme les non-propriétaires, un intérêt égal » à la sûreté et à la liberté individuelle, et ils ont de » plus un intérêt éminent au bon régime des » propriétés... Ce ne peut donc être que par un abus » funeste... qu'on peut étendre au-delà de la classe » des propriétaires le droit d'influence directe sur la » chose publique. »

Le 26 juin 1790, on vote les articles d'une loi déclarant qu'on aliénerait les domaines nationaux. Dans le préambule de cette loi, nous trouvons des « considérants » très remarquables :

« L'Assemblée nationale, considérant que l'aliénation
» des domaines nationaux est le meilleur moyen...
» de procurer l'asservissement de la masse générale des
» richesses... par les facilités qu'elle donne à beaucoup
» de citoyens de devenir propriétaires..., etc...

Ces quelques citations nous prouvent surabondamment que la Constituante a toujours voulu le maintien de la propriété individuelle; et là-dessus il n'y eut d'ailleurs jamais aucun doute; mais il s'agit à présent d'examiner les principales applications que fit l'Assemblée de ses principes. Nous en étudions immédiatement une des plus importantes : celle qui a trait à la transformation de la propriété foncière.

II

Les États-Généraux avaient fait place à l'Assemblée constituante. La journée du 14 juillet avait provoqué dans tout le royaume une violente explosion d'enthousiasme et de colère. Partout, les paysans se soulevaient, mettant le feu aux châteaux, détruisant les titres féodaux. L'Assemblée négligeait de protester. A ceux qui lui reprochaient son inertie, elle ne pouvait opposer que le sentiment de son impuissance :

« Les effets de l'anarchie (dit le baron de Gauville[1], » député de la noblesse) se faisaient sentir de plus en » plus... Nous sentions que la répression de pareils » abus ne pouvait appartenir qu'au pouvoir exécutif; » les lui renvoyer, c'était le compromettre; les juger, » eût été manquer à nos principes. Tout nous prouvait » qu'il n'y avait pas moyen de rien faire de sage dans » une pareille assemblée. »

Mais ce silence ne pouvait durer. Il fallait détruire tout de suite les deux grands vices de l'ancien régime. On sait en quoi consistaient ces deux vices capitaux : c'étaient d'abord les privilèges, qui formaient une charge gratuite et très lourde, imposée à une partie de la nation au profit d'une caste qui ne rendait plus de services en retour; c'était ensuite le manque absolu de contrôle sur les actes du pouvoir royal. La nuit du 4 août fut le point de départ de ces réformes si ardemment désirées.

Pour réprimer les désordres qui commençaient à ensanglanter la France, Target présenta au début de séance de nuit du 4 août 1789, un projet de loi se terminant ainsi : « Les lois établies pour la sûreté des » personnes et pour celle des propriétés, doivent être » universellement respectées. »

Le vicomte de Noailles[2] prit la parole. Puisque l'Assemblée n'avait qu'un but : confirmer les propriétaires dans leurs véritables droits, le moyen d'y

1. *Journal* du baron de Gauville.

2. *Ancien Moniteur*, tome I, p. 279.

parvenir était, d'après lui, d'adopter les quatre dispositions suivantes :

1° L'impôt sera payé par tous les individus du royaume dans la proportion de leurs revenus.

2° Toutes les charges publiques seront à l'avenir supportées également par tous.

3° Tous les droits féodaux seront rachetables par les communautés sur le prix d'une juste estimation, c'est-à-dire d'après le revenu d'une année commune, prise sur dix années de revenus.

4° Les corvées seigneuriales, les mainmortes et autres servitudes personnelles seront abolies sans indemnité.

A son tour, le duc d'Aiguillon [1], un des plus grands propriétaires fonciers du royaume, prit la parole pour réclamer la suppression des privilèges et présenta la motion suivante :

« L'Assemblée nationale, considérant en outre que » les droits féodaux et seigneuriaux sont aussi une » espèce de tribut onéreux qui nuit à l'agriculture et » désole les campagnes ; ne pouvant se dissimuler » néanmoins que ces droits sont une véritable pro- » priété, et que toute propriété est inviolable ; arrête » que ces droits seront à l'avenir remboursables...., » ordonne enfin que tous ces droits seront exactement » perçus et maintenus comme par le passé, jusqu'à » leur parfait remboursement. »

Ces deux motions soulevèrent un enthousiasme inouï.

1. *Ancien Moniteur*, tome I, p. 279-284.

On allait les voter toutes deux, sans se rendre compte que la première admettait certains droits au rachat, tandis que d'autres devaient être abolis sans indemnité ; et que la seconde motion, au contraire, exigeait l'indemnité dans tous les cas. Mais Dupont de Nemours intervint et tenta de faire ajourner les débats jusqu'au vote de la Constitution. La rapidité avec laquelle on procédait lui paraissait des plus dangereuses ; il proposa simplement, comme avait fait Target, des mesures d'ordre pour apaiser les troubles.

Mais les esprits étaient violemment surexcités. Un député du tiers de Bretagne, Leguen de Kérangal, monta à la tribune, vêtu en paysan, fit une peinture très sombre du régime féodal et affirma que, pour calmer le peuple, il fallait reconnaître l'injustice du régime féodal. Sur ces entrefaites, les nobles, les évêques, les députés des corporations et villes privilégiées, vinrent renoncer à leurs prérogatives ; quant à ceux que liait un mandat impératif « ils se portaient » forts de la renonciation de leurs commettants. »

Ce fut un vrai délire patriotique : le duc de Liancourt fit voter la frappe d'une médaille commémorative. On ordonna le chant du *Te Deum* à Notre-Dame et l'on proclama, sur la proposition de Lally-Tollendal, Louis XVI Restaurateur de la liberté française.

Il fallait ensuite sanctionner cette déclaration. On admit en principe « l'abolition de la qualité de serf et » de la mainmorte, sous quelque dénomination qu'elle » existât ; la faculté de rembourser les droits seigneu- » riaux ; l'abolition des juridictions seigneuriales ;

» la suppression du droit exclusif de chasse, des colom-
» biers, des garennes : une taxe en argent représen-
» tative de la dîme ; le rachat possible de toutes les
» dîmes ». Voilà pour notre matière. Mais ces articles étaient votés à titre simplement provisoire. Il fallait une autre rédaction dont on s'occupa immédiatement et, après cinq jours de débats, le décret fut adopté le 11 août.

Quelques mots sur les théories de l'Assemblée.

Nous constaterons en premier lieu l'embarras très grand qu'elle éprouvait. Le vote d'enthousiasme provoqua bien des regrets. Il fallut même décider, le 5 août, que le fond de la question ne pourrait plus être agité. On voulait éviter ainsi un retour en arrière qui eût été des plus dangereux. Après le vote du décret du 11 août, l'Assemblée décida qu'elle le présenterait à la sanction royale ; le 15 septembre, le comte de Clermont-Tonnerre présenta au roi les vœux de l'Assemblée. Après de longues hésitations, le roi adressa une lettre équivoque à l'Assemblée. Celle-ci fit de nouvelles démarches. Le roi, pour toute réponse, adressa une nouvelle lettre à l'Assemblée, lettre dans laquelle il distinguait la publication de la promulgation, et promettait simplement la publication. Enfin, à la suite de nombreux pourparlers, le roi ordonna l'envoi des arrêtés à tous les tribunaux, par lettres patentes du 3 novembre 1789. Cette date représente *légalement* le dernier jour du régime féodal [1].

Citons le début de l'article I du décret du 11 août :

1. Sur tout ce qui précède, voir *Viollet, Histoire du droit civil français*, 2e édition, p. 714 à 720.

« L'Assemblée nationale *détruit entièrement le régime féodal.* » Parole imprudente qui fut la source d'une foule d'iniquités. Le peuple ne tint pas compte des restrictions apportées à la suite de cette déclaration, et s'attacha dès lors à ce que la déclaration de l'Assemblée eût son plein et entier effet.

Les six premiers articles du décret du 11 août ont seuls trait à la propriété foncière ; en voici les principales dispositions :

L'Assemblée abolit sans indemnité les droits et devoirs féodaux ou censuels qui tiennent à la mainmorte réelle ou personnelle et à la servitude personnelle, et ceux qui les représentent.

Elle déclare rachetables les autres droits féodaux moyennant un prix, et sous des modes de rachat réglés par elle.

Elle abolit le droit exclusif des fuies et colombiers, le droit exclusif de la chasse et des garennes ouvertes. Elle supprime les justices seigneuriales sans indemnité. Elle abolit les dîmes et autres redevances qui en tiennent lieu, à charge par la nation de subvenir aux dépenses du culte et au soulagement des pauvres.

Les dîmes inféodées, les rentes foncières perpétuelles en nature ou en argent, sont toutes rachetables sans exception.

Il est interdit de créer à l'avenir des redevances non remboursables.

En résumé, la Constituante abolit purement et simplement les droits seigneuriaux qui se rapportent à l'exercice de la puissance publique d'une personne sur une autre personne ; elle abolit avec faculté de rachat les redevances féodales et les redevances foncières qui sont dûes comme prix ou condition de la cession d'un fonds ; et elle assimile au point de vue du rachat les redevances féodales de la seconde catégorie aux redevances foncières. Autrement dit, la Constituante distinguait, conformément à la proposition du vicomte de Noailles, les droits abolis et les droits rachetables.

Par cette suppression, l'Assemblée violait assurément le principe de propriété, tel que nous l'entendons aujourd'hui. Bien des droits féodaux pouvaient être devenus abusifs et nuisibles ; il n'en est pas moins vrai qu'ils avaient une origine contractuelle parfaitement régulière. D'ailleurs, un grand nombre de fiefs, régulièrement constitués, avaient été acquis par des bourgeois anoblis et enrichis, qui avaient consacré le produit de leur travail à cette acquisition. L'expropriation s'imposait certainement, mais on devait y joindre une juste et préalable indemnité.

Seulement, il nous faut ajouter que cette spoliation est loin de présenter, aux yeux de la Constituante, le caractère de gravité que nous constatons aujourd'hui. D'après les nouveaux principes, la nécessité de répandre partout la liberté et l'égalité suffisait complètement à justifier la suppression des droits féodaux. L'idée qu'une indemnité était chose utile, mais non pas nécessaire, commençait à faire son chemin, et si l'Assemblée hésitait encore, le peuple qui n'avait retenu qu'une seule phrase : « Le régime féodal est complètement aboli », le peuple disons-nous, s'inquiétait peu des restrictions timides que l'on pouvait apporter à ce principe. « Le régime féodal est incompatible avec la » liberté et l'égalité », voilà un principe admis. Il restait peu de chose à faire pour qu'on ajoutât ceci : « mais l'État n'ayant pas le moyen d'indemniser ceux » qui détiennent les privilèges, a le droit et le devoir » de supprimer néanmoins ces privilèges, même sans » indemnité, car il est urgent d'observer les principes, » fût-ce en violation d'autres principes moins généraux » et moins essentiels ».

Le roi Louis XVI avait, au fond, discerné très nettement les dangers de la distinction faite par l'Assemblée. Il avait déclaré qu'on devait abolir sans rachat « les assujettissements qui dégradent la dignité de l'homme », le servage par exemple. Tous les autres droits donnaient lieu au contraire à indemnité. D'après Louis XVI, on ne devait point s'occuper de l'*origine* juste ou injuste des droits, mais de leur *caractère* compatible ou non avec la dignité de l'homme ; c'était là un criterium bien plus net, bien plus pratique que celui de l'Assemblée.

. . . .

Le 12 août, l'Assemblée constituante nomma un *Comité de féodalité* chargé de définir et de développer les principes très vagues qu'elle avait posés.

Quelques jours auparavant, l'abbé Sieyès avait démontré dans une lettre du 27 août 1789, le danger des réformes de l'Assemblée; Mirabeau avait, lui aussi, fortement blâmé l'enthousiasme irréfléchi des esprits dans la nuit du 4 août. Mais on ne pouvait songer à revenir sur le passé, et il importait d'en finir avec cette irritante question.

Merlin et Tronchet étaient les principaux membres du comité de féodalité. Ce fut Merlin[1] qu'on chargea du rapport. Après un premier rapport déposé le 4 septembre 1789, après six mois d'un travail acharné, il put déposer un second rapport le 8 février 1790.

Pour distinguer les droits abolis des droits rachetables, Merlin avait fait choix d'un nouveau criterium. D'après le décret du 11 août, étaient abolis sans indemnité tous les droits féodaux « qui tiennent à la » mainmorte réelle ou personnelle, et à la servitude » personnelle, et ceux qui les représentent ».

Merlin au contraire considère comme droits abolis, « ceux qui ne dérivent ni d'un contrat d'inféodation ni » d'un contrat d'accensement, qui ne sont dûs que par » les personnes, indépendamment de toute possession » du fonds, et qui n'ont pour cause qu'une occupation » enhardie par la féodalité, soutenue par la puissance » seigneuriale, et légitimée par la loi du plus fort ».

En somme, Merlin distingue la féodalité *dominante* et la féodalité *contractante*. La première comprend tous les droits considérés à tort ou à raison comme provenant d'usurpations seigneuriales. Ces droits n'étant plus fondés disparaissent sans indemnité.

De la féodalité contractante, découlent les droits que l'on estime avoir été consentis dans un contrat de concession de terre. Ces droits sont déclarés rachetables.

1. *Ancien Moniteur*, tome III, p. 331 à 619, *passim*.

La distinction ingénieuse de Merlin fut acceptée par la Constituante. Elle présentait un vice radical : c'était de s'appuyer sur les bases les plus fragiles. Rien de plus obscur que l'origine des droits féodaux ; beaucoup de droits compris dans la féodalité dominante avaient certainement une origine contractuelle ; et d'autres, compris dans la féodalité contractante, pouvaient très bien résulter d'une usurpation. Il aurait fallu pouvoir compulser les titres primitifs de concession, ce qui était impossible. Le décret du 15 mars 1790, se borna à établir des présomptions.

Nous allons analyser en quelques lignes les trois décrets fondamentaux concernant notre matière.

1° D'abord, le décret des 15-28 mars 1790 sur la distinction des droits féodaux. Ce décret établit les effets, pour l'avenir, de l'abolition du régime féodal. Il abolit en particulier les distinctions honorifiques, la supériorité et la puissance qui en résultaient, et, par conséquent, la foi et l'hommage ; il remplace les fiefs et censives par la propriété allodiale ; mais cette propriété se trouve grevée de lourdes charges civiles qui ne tarderont pas à paraître insupportables.

En fait, la Constituante ne faisait que changer la *nature* du droit des seigneurs ; tous ces droits restaient des droits réels. Seulement, le seigneur devait prouver l'existence et la qualité des droits rachetables, en se servant des modes de preuves autorisés par les coutumes. On pouvait même invoquer la maxime *Nulle terre sans seigneur* et la règle de *l'enclave*, par laquelle tout fonds compris dans le périmètre de la seigneurie était grevé, par présomption, d'une redevance.

2° Le décret des 3-9 mai 1790 règle les conditions du rachat des droits seigneuriaux.

Tronchet avait été chargé du rapport sur les conditions du rachat. Son rapport, déposé le 12 décembre 1789, fut discuté du 23 au 27 avril 1790.

Le décret ordonne que le rachat soit fait en principe par le propriétaire du fonds grevé. Le tenancier peut racheter les droits qui grèvent sa tenure, sans qu'il soit obligé de s'accorder avec les autres tenanciers, pour faire un rachat collectif.

Si un tenancier a plusieurs tenures, il n'est pas forcé de racheter en bloc les droits qui les grèvent.

Voilà le principe. Ajoutons qu'on posait des restrictions nombreuses. Le décret entre dans de longs développements à propos des rentes annuelles. Nous avons dit que le rachat était débattu librement. Ce n'est qu'en cas de désaccord entre le tenancier et le seigneur, que la loi fixe les conditions du rachat forcé. En outre, l'Assemblée interdit aux communes d'intervenir pour faciliter ou pour activer le rachat. Ce fut une faute, car l'opération eût été terminée bien plus vite, si l'on eût confié aux communes elles-mêmes le soin d'opérer ce rachat. Mais un sentiment de profonde défiance à l'égard des communes était inné au sein de l'Assemblée. Il ne fallait, suivant le mot de Mirabeau, aucun obstacle à la centralisation.

3° Il nous reste à citer le décret des 18-29 décembre 1790, sur *le rachat des rentes foncières et de la locatairerie perpétuelle*. Ce décret s'occupe de la directe privée, des rentes foncières et de la locatairerie perpétuelle.

Déjà le décret du 11 août avait déclaré rachetables toutes les rentes foncières perpétuelles. Le décret du 18 décembre abolit *toutes les tenures perpétuelles*, c'est-à-dire les tenures consenties pour plus de 99 ans.

La réforme de la Constituante ne satisfit presque personne. Cette assemblée avait, nous le répétons, posé en principe que « le territoire de la France, dans » dans toute son étendue, est libre comme les per- » sonnes qui l'habitent. » Effrayée des agitations qui s'ensuivirent, elle essaya en vain, dans son *Instruction du 15 juin 1791*, de ramener le peuple à une compréhension plus juste du droit. Il était trop tard, le peuple tirait lui-même les conséquences du principe, et en exigeait l'application immédiate et complète. C'était logique, et la suite des faits combla le désir ou plutôt la volonté impérieuse de la nation, en permettant le développement intégral des théories émises par l'Assemblée Constituante.

Reprenons et résumons, pour finir, l'œuvre de la Constituante. Elle a voulu : 1° *Affranchir la propriété* et 2° *en favoriser la division*. Par l'abolition des fiefs et des censives, elle a donné à toutes les terres le caractère *allodial*, jadis exceptionnel. Outre les droits seigneuriaux, elle a anéanti les droits régaliens, parmi lesquels le droit de *franc-fief et celui de capitainerie royale*. Le premier était dû par les roturiers qui possédaient des fiefs ou d'autres biens nobles; le second donnait au roi le privilège exclusif de chasser dans un certain espace de terrain, près des maisons royales.

La Constituante abolit encore les droits qui gênaient la culture. Le 17 juin 1789, on avait proclamé la libre circulation des grains. Les décrets des 31 octobre 1790, 2 mars 1791, 9 février, 29 mars, 11 juin 1791 avaient aboli les douanes intérieures, les impôts sur les boissons, les droits perçus à l'entrée des villes.

Pour compléter l'affranchissement de la propriété campagnarde, *le Code rural de 1791* régla les droits de parcours et de vaine pâture, et permit au non-propriétaire, sous des règles déterminées, de conduire son troupeau dans les pâturages.

Le décret du 28 septembre 1791 déclare que « toute » propriété territoriale ne peut être sujette, envers les » particuliers, qu'aux redevances et aux charges dont » la convention n'est pas défendue par la loi, et envers » la nation, qu'aux contributions publiques, établies » par le corps législatif, et au sacrifice que peut exiger » le bien général, sous la condition d'une juste et » préalable indemnité ».

Le décret ajoutait que les propriétaires peuvent varier à leur gré la culture et l'exploitation des terres, conserver leurs récoltes et en disposer à leur gré. Nous n'insisterons point sur toutes ces réformes qui ne se rattachent pas directement *au principe* même de la propriété, et dont l'étude exigerait l'examen d'une foule de questions complexes et mal élucidées.

CHAPITRE III

APPLICATION DES PRINCIPES A QUELQUES ACTES, DITS RÉVOLUTIONNAIRES. — LES BIENS NATIONAUX.

Nous abordons ici l'un des points les plus délicats de notre matière. Les mesures prises relativement aux biens du clergé ont-elles été un acte révolutionnaire proprement dit, c'est-à-dire un acte que l'on doive considérer comme illégal, au point de vue des principes de 89, ou bien faut-il admettre que ces mesures dérivent logiquement de ces mêmes principes, et ne constituent en aucune façon, aux yeux des constituants, un fait anormal ? Nous avons soutenu déjà cette thèse que la confiscation peut s'expliquer à l'aide des principes de 89, tels qu'on les entendait à cette époque ; nous allons essayer de le démontrer.

Les idées directrices de la Constituante peuvent, en ce qui concerne la matière, se ramener à cinq chefs principaux : 1° l'individu SEUL, en dehors de la nation peut être propriétaire ; 2° c'est la loi civile uniquement qui fonde la propriété ; 3° dans les cas extrêmes, la nation peut s'emparer des biens des citoyens et des possessions des personnes morales ; 4° l'Etat doit veiller à ce que les biens soient répartis entre la plus grande quantité possible de citoyens ; autrement dit, la terre doit être aussi morcelée que les circonstances le permettent ; 5° l'État peut changer l'assiette de la propriété et même s'attribuer des propriétés privées.

Ceci dit, examinons les faits.

I.

La situation financière de la France était déplorable. La banqueroute s'annonçait comme inévitable, et l'on cherchait tous les moyens possibles d'échapper au déficit. On crut trouver le remède dans la transformation de la propriété ecclésiastique en propriété privée.

Déjà, dans la nuit du 4 août, on avait supprimé l'un des principaux revenus du clergé : la dîme. Mais elle n'était supprimée qu'en principe, et l'on hésitait sur les moyens pratiques à employer. Beaucoup de cahiers du Tiers demandaient que l'on attribuât à la nation les biens du clergé, à charge par l'État de subvenir aux besoins du culte et à l'assistance des pauvres. Mais quel profit devait retirer l'État de la suppression pure et simple des dîmes ?

Beaucoup de députés insistèrent pour que la dîme

fut déclarée simplement rachetable[1]. Siéyès fit observer avec beaucoup de raison qu'il était inutile, pour affranchir la propriété foncière de cette charge, de faire aux propriétaires un cadeau, dont il estimait la valeur à 70 millions de livres de rente. D'après lui, ce ne sont pas les petits cultivateurs qui profiteront de cette suppression, mais les grands propriétaires. D'ailleurs, la dîme est un droit foncier; quand on achète une terre, on tient compte de cette charge pour l'évaluation du prix; et, par conséquent, l'acquéreur se trouve avoir payé la valeur de la terre moins le capital représentatif de la dîme. Supprimer la dîme, c'est donc faire à l'acquéreur un cadeau. Tel était le raisonnement de Siéyès.

Mirabeau lui répondit que la dîme était un tribut oppressif qui privait le cultivateur *du tiers* du produit net. Il n'était que juste de restituer ce tiers. D'autres députés insistèrent sur les inconvénients de la dîme, perçue en réalité, disaient-ils, au profit des grosses abbayes. Enfin, le 11 août, l'archevêque de Paris mit fin à la discussion, en renonçant volontairement à la dîme, au nom du clergé français, à condition que l'État procurât à l'Église de France les moyens de continuer à remplir sa mission.

Cette renonciation fut accueillie avec joie par l'Assemblée. Celle-ci renonçait de son côté à tirer aucun profit de la suppression des dîmes ; c'est qu'en réalité, elle convoitait déjà le domaine tout entier de l'Église.

Nous avons dit que les finances du pays se trouvaient

1. Sur les dîmes, voir l'*Ancien Moniteur*, tome I, p. 288 à 331, *passim*.

dans un état déplorable. Afin de hâter le recouvrement des impôts, le *Comité des finances* avait déposé, le 17 septembre 1789, un projet de loi relatif au paiement des contributions. Le marquis de Gouy proposa que chaque citoyen fût tenu de verser en quatre années une taxe, appelée *don gratuit*, représentant une part assez considérable de ses revenus. D'autre part, l'Etat émettait pour 400 millions de mandats nationaux, gagés sur l'actif d'une *Caisse du don gratuit*. Cette proposition ne fut pas admise.

Necker, le 24 septembre[1], revint à la charge et proposa la célèbre *contribution du quart* des revenus des citoyens. Dupont de Nemours combattit cette proposition et montra qu'une source bien plus sûre de revenus s'offrait à l'Etat : c'était le revenu des biens ecclésiastiques. La question se trouvait ainsi engagée. Elle devait être discutée à fond trois semaines plus tard, du 10 octobre au 2 novembre 1789.

. . . .

Le 10 octobre 1789, Talleyrand[2] communique à la Constituante un projet sur la propriété ecclésiastique. Il propose la vente, par la nation, des biens-fonds de l'Eglise de France. Cette vente produira environ 2.100.000.000 de livres. On emploiera 500 millions à l'extinction de 50 millions de rentes viagères, 500 millions au rachat des offices de judicature ; 1100 millions à l'extinction de 60 millions d'intérêts de la Dette publique.

1. *Ancien Moniteur*, tome I, p. 542.

2. Sur les biens du clergé, voir l'*Ancien Moniteur*, tome II, p. 37, 52, 83, 86, 108, 114, 118, *etc.*

En revanche, la nation, aura la charge de 5 millions 1/2 pour le service des intérêts et le remboursement graduel de la dette.

Mirabeau propose à son tour : 1° que la propriété des biens du clergé appartiendra à la nation, à charge par elle de subvenir aux besoins du culte; 2° que chaque curé sera logé, et qu'il aura au moins 1200 livres par an.

Examinons maintenant les raisons qui furent invoquées pour justifier en droit et en fait ces propositions, et les arguments qu'opposèrent les partisans du clergé.

Tout d'abord, la discussion avait-elle sa raison d'être? — Oui, répond Talleyrand. Il est hors de doute que l'Etat a besoin de subsides extraordinaires, et qu'il lui faut immédiatement trouver des ressources considérables. Et Mirabeau ajoute : l'utilité publique est la loi suprême. D'autre part, il importe, suivant Le Chapelier, de détruire l'indépendance du clergé et de ruiner toute son influence. Le clergé est le plus grand obstacle à la Révolution ; il est donc nécessaire de l'amoindrir. Il faut créer un clergé soumis et obéissant qui soit forcé de recourir à l'Etat pour subsister matériellement; ainsi, toute tentative de révolte de sa part sera vaine, puisque la nation pourra toujours prendre à son égard telles mesures de rigueur qui conviendront.

La suppression des propriétés de mainmorte offre donc une grande utilité. Mais pourra-t-on dire qu'elle lèse les droits du clergé ou qu'elle est contraire aux intentions des fondateurs ? Assurément non, répondent les constituants. Les droits du clergé ne peuvent pas être lésés, par ce motif qu'ils sont inexistants. En effet, dans *l'Encyclopédie*, à l'article *Fondation*, Turgot établit que les corporations ne peuvent être propriétaires. Seuls les citoyens, les individus, ont des droits. Ces droits sont au-dessus des atteintes de la société, qui doit respecter leur caractère sacré, parce qu'ils existent indépendamment d'elle. Mais il n'en va pas de même des corps et personnes morales. Ceux-ci n'existent qu'en vertu de la loi ; ils n'ont, en matière de droits, que ceux que la société a bien voulu leur conférer, le jour où elle leur accorda l'autorisation d'exister. Ces droits, fatalement, disparaissent en même temps que l'utilité des corps. On ne saurait donc assimiler le clergé aux individus. Il n'est pas, dit Talleyrand, propriétaire à la façon des citoyens. On lui a tout simplement accordé la *jouissance* de biens qu'il lui est interdit d'aliéner, et qu'il doit employer à des usages déterminés. Il est bien vrai que la nation ne peut pas supprimer le corps général lui-même du clergé, parce qu'il est nécessaire au culte, mais elle a le droit absolu de détruire des agrégations inutiles et nuisibles composées de membres du clergé. Du moment que l'État peut détruire ces agrégations, ne serait-il pas absurde de prétendre qu'il n'a pas le pouvoir de disposer de leurs biens ? Tout au contraire, la nation, maîtresse de la destinée des corps, est aussi la maîtresse absolue de de tout ce qui sert à l'entretien de ces derniers.

Les corps ne sont pas propriétaires ; peu importerait d'ailleurs qu'ils le fussent, ajoute Mirabeau. L'origine même du droit de propriété permet d'expliquer et de justifier les confiscations. Le droit de propriété dérive de la loi. La propriété est un bien acquis en vertu des lois qui peuvent seules la fonder.

La volonté publique fait de l'individu un propriétaire et lui donne un titre efficace : sans cette volonté générale, il n'y a point de propriété, il n'y a que possession. Or, il faut bien remarquer que jamais aucune loi ne fit du clergé un corps permanent ; d'autre part aucun individu n'a pu forcer, par un acte de sa volonté propre, la nation à admettre le clergé comme un propriétaire. L'État, par conséquent, peut décider que l'Église est incapable de posséder des immeubles.

Dans une argumentation facétieuse, Treilhard dénie au clergé le droit de se refuser à l'opération qu'on projette. En effet, d'après lui, les biens ecclésiastiques ont été valablement donnés à l'Église. Mais il ne faut pas confondre l'Église avec les prêtres qui n'en forment qu'une faible partie. L'Église, c'est la réunion des chrétiens, c'est-à-dire la nation presque entière, fidèles et pasteurs. Donc la nation seule est vraiment propriétaire des biens détenus par le clergé.

Peut-on même soutenir que le clergé est usufruitier ?

Non, dit Mirabeau ; il n'est pas plus usufruitier qu'il n'est propriétaire. Il a simplement la charge d'attribuer ses revenus à des usages déterminés ; il n'est que *dispensateur*. Cependant, bien qu'il n'ait pas de revenus, il a le droit de vivre. C'est l'État qui doit lui assurer sa subsistance. Mais cette obligation crée une dette à la charge de l'État, et pour payer cette dette, l'État s'emparera du capital nécessaire (c'est-à-dire des biens dont le clergé était le dispensateur) et il en restera le vrai et le seul propriétaire. Il faut reconnaître que Mirabeau, par ce raisonnement, atteint le comble de la subtilité dans le sophisme.

Si le clergé n'est point propriétaire de tous ces biens, que doit-il advenir, suivant Mirabeau ? Le vrai propriétaire doit prendre la place du simple détenteur. Or, le vrai propriétaire, on vient de le voir, c'est l'État. Pourquoi ? C'est que ces biens ne peuvent retourner aux fondateurs, puisque ceux-ci les ont donnés pour subvenir à certaines charges et qu'ils ne peuvent revenir sur le contrat une fois passé.

Il est également impossible de soutenir que l'on doive remettre ces propriétés aux paroisses ou aux diocèses, parce que ce sont des personnes morales, incapables de posséder. Reste le vrai, le seul propriétaire, qui est la nation.

Le clergé n'a même pas le droit d'éprouver de regrets, car il ne pouvait avoir la prétention de faire revenir les biens dont on le dépouille aux membres qui le composent, en tant qu'individus. Jamais on n'a considéré les prêtres comme *personnellement* propriétaires. Et d'autre part, le clergé, personne morale, a-t-il jamais pu être traité comme un vrai propriétaire ? Il ne pouvait ni aliéner, ni détruire, ni hypothéquer, ni même augmenter son domaine par voie d'acquisition. Le droit qui lui restait offrait-il dès lors le caractère d'un vrai droit de propriété ? Non. Il était tellement mutilé que c'était en somme un simple droit de jouissance, tout au plus. De quelque côté que l'on se tournât, il fallait aboutir inéluctablement à la même conclusion : le clergé n'est pas, ne peut pas être propriétaire. Les biens qu'il administre appartiennent en propre à la nation.

En résumé, l'idée générale des membres de la gauche, c'est que le clergé n'est ni propriétaire, ni possesseur, ni usufruitier. Ce n'est qu'un dépositaire, un administrateur. C'est l'idée du *Contrat social*. D'après Rousseau, l'État est le maître suprême de la fortune publique, des institutions et même des consciences. D'autre part, Mirabeau avait pu développer cette opinion, aux applaudissements de la majorité de ses collègues : « Je ne » connais que trois manières d'exister dans la société : » il faut y être mendiant, voleur ou salarié. Le propriétaire n'est lui-même que le premier des salariés ; ce » que nous appelons vulgairement la propriété n'est » autre chose que le prix que lui paie la société pour » les distributions qu'il est chargé de faire aux autres » individus par ses consommations et ses dépenses ; » les propriétaires sont les agents, les économes du » corps social »[1].

La Constituante ne s'était pas aperçue que la proclamation du droit de l'État à fonder toute possession individuelle conduisait directement à la négation même de toute propriété. Elle s'imaginait au contraire que le principe de propriété n'était en rien altéré par les mesures proposées, et qu'elle respectait le droit de chacun, puisqu'elle ne lésait aucune individualité.

Le danger de ces théories avait pourtant été indiqué avec beaucoup de force par Camus, Boisgelin, Béthisy,

1. Voir l'*Ancien Moniteur*, p. 47, 109, 120, 125.

Malouet et surtout Maury, lesquels d'ailleurs avaient eu un tort commun : celui de baser leurs discussions sur une idée exclusivement individualiste. Il y eut même d'autres orateurs, qui, tout en aboutissant pratiquement aux mêmes conclusions que Mirabeau et Talleyrand, avaient basé leur opinion sur des motifs différents de ceux qu'on vient d'indiquer et qui méritent d'être reproduits. C'est ainsi que Thouret admettait que le clergé est vraiment propriétaire. Seulement, disait-il, ce propriétaire est une personne morale, et il dépend, par cela même, entièrement de la loi. Les corps existent, sinon par la loi, tout au moins par une tolérance de la loi : celle-ci a le droit et même le devoir de les supprimer quand elle les juge dangereux pour l'ordre public. La loi peut accorder, puis retirer aux corps le droit de propriété. La destruction d'un corps n'est pas un homicide. Or, les personnes morales, à l'heure actuelle, sont très dangereuses et la propriété de mainmorte est un vrai mal pour la France. Celle-ci a intérêt à créer le plus grand nombre possible d'individus propriétaires, afin de diminuer le nombre des factieux. Dans l'intérêt de l'État, il faut des propriétaires *réels*, car la France est essentiellement agricole, et doit tourner toutes ses vues vers l'accroissement des produits de son sol. Pour accroître les produits, il est nécessaire que le détenteur des biens-fonds en soit aussi le propriétaire. En somme, l'intérêt économique, suivant Thouret, se trouve d'accord avec l'intérêt social pour exiger la suppression du clergé, en tant que propriétaire.

Le duc de la Rochefoucauld pensait, comme Thouret, que le clergé est bien propriétaire, mais que l'État a le droit de lui retirer ce caractère ; toutefois il estimait en fait que la jouissance usufruitière des titulaires actuels devait être respectée et que la vente immédiate des domaines de l'Église devait être simplement facultative.

Montlosier soutenait cette théorie originale que les vrais propriétaires n'étaient ni le clergé, ni l'Etat, mais les *institutions* pour lesquelles avait été créée cette propriété. Il ajoutait que l'Etat, en vertu de son droit de *souveraineté*, peut disposer de ces biens dont il n'est pas d'ailleurs le propriétaire.

Nous arrivons maintenant aux théories entièrement opposées à celles de la gauche, théories qui tendent à prouver que l'Eglise possède réellement le droit de propriété. Il faut remarquer que les orateurs de la droite n'hésitent pas à faire reposer la propriété sur la loi, comme l'avait fait déjà Mirabeau. C'est le vice essentiel de leurs raisonnements, qui se trouvent par là très affaiblis et basés sur des principes bien fragiles. Nos adversaires, disent-ils, prétendent que le droit de propriété est un droit purement civil ? Nous l'affirmons également, reprend Camus. Et nous affirmons aussi que le clergé est réellement propriétaire, car les congrégations religieuses sont des personnes morales reconnues par l'Etat, auxquelles le droit civil est aussi applicable qu'aux individus. D'autre part, les chartes de donation, les contrats d'acquisition, nous démontrent bien que l'établissement avec lequel on a contracté est considéré comme ayant exactement les mêmes droits qu'un individu. Il faut aussi tenir compte des actes de la puissance publique qui autorisent certaines églises à acquérir. Tout ceci prouve que l'Etat, aussi bien que les particuliers, admettait la propriété ecclésiastique. En outre, il est possible de pousser plus avant la démonstration *historique* du droit de l'Eglise à être propriétaire. Que signifient ces lois qui règlent les conditions d'acquisition des biens par les églises? De tels règlements impliquent nécessairement la reconnaissance antérieure du droit des églises. Ensuite, des mesures de la puissance publique défendent de spolier les églises. Or il serait absurde de prétendre qu'on puisse dépouiller un non-propriétaire. Enfin, les églises passent des baux, donnent à cens, bâtissent, estent en justice ; elles font en un mot acte de propriétaire. Tout ceci prouve qu'en fait comme en droit, il est certain que les biens d'Église sont inviolables et sacrés, parce qu'ils sont une vraie propriété.

Il suffit d'ailleurs, pour s'en couvaincre, d'examiner la source de cette richesse ecclésiastique. C'est ce que fait Boisgelin. Il nous affirme qu'une grande partie des biens d'église provient de la cession du bien des chefs des églises et monastères. Quand un membre d'une famille noble entrait dans les ordres, il apportait souvent avec lui des richesses considérables. Il serait bien difficile et bien imprudent de soutenir que cet apport avait pour but une libéralité envers la nation. Une autre partie des biens d'Église provient du défrichement des terres incultes par les moines. Cette propriété-là est éminemment respectable, puisqu'elle représente le fruit d'un labeur immense.

Faut-il admettre cependant que les charges qui grèvent les dons faits au clergé, aient communiqué à ce dernier le simple caractère d'un administrateur? D'abord il est bien rare, nous démontre Béthizy, de trouver dans les actes de donation une clause ordonnant telle ou telle destination; et d'ailleurs, les donations civiles grevées de charges n'en transmettent pas moins le droit de propriété pleine et entière.

Admettons même qu'il n'existe pas de titres de propriété. On peut toujours, suivant Malouet, et l'on doit distinguer entre la propriété et la possession. L'Église n'est pas propriétaire, soit; elle n'a que la possession, et les vrais propriétaires ce sont les pauvres et le culte. Mais alors, il convient de remarquer que l'incapacité d'acquérir n'est pas l'incapacité de posséder. Puisque la possession est garantie par la loi civile, pourquoi ne pas l'admettre en faveur des corps? Et au fond, que l'Église constitue ou non un corps, peu importe. Le fait d'une possession étant admis, pourquoi ne pas tenir compte de ce fait?

Mais ne peut-on établir en droit que l'Église a reçu plus que la possession? Maury assure qu'elle est bien la propriétaire légitime de ce que l'on prétend lui enlever. Vente ou donation, il y a un contrat à la base de chaque fondation : « Tout a été *individuel* entre le » donateur qui a légué et l'Église *particulière* qui a » reçu. » Ce n'est donc pas l'Église en bloc qui a participé au contrat. Et du reste, l'Église n'est-elle pas une personne morale tout comme la nation? Cette dernière jouit du droit de propriété ; c'est donc qu'il n'y a pas d'incompatibilité entre la qualité de propriétaire et celle de personne morale.

Maury eut le grand tort de glisser trop rapidement sur ce raisonnement qu'il entrevit à peine et dont la portée immense lui échappa.

Ainsi, les biens du clergé appartiennent à la nation comme le sol de la Bourgogne ou de la Champagne. Or, la nation oserait-elle adjuger en bloc à des rentiers la Bourgogne et la Champagne ?

Mais la question essentielle, celle qu'il faut résoudre à tout prix est celle-ci : Le clergé, *personne abstraite*, peut-il donc être propriétaire? Et Maury s'efforce de démontrer que la réponse à cette question n'est point douteuse. Il affirme qu'il est inutile de distinguer entre les individus et les corps. On dit que l'individu existe indépendamment de la loi, tandis que c'est la loi qui crée les personnes morales. Mais là n'est point la question. Le droit de propriété individuelle, aussi bien que le droit de propriété des corps, n'existe qu'en vertu de la loi (remarquons ici que Maury se rencontre avec Mirabeau pour baser la propriété sur le droit civil). Si l'on respecte la propriété individuelle, on doit par cela même respecter la propriété des corps dont le fondement est identique. Tuer un corps, c'est commettre un homicide, car l'existence est la vie morale des corps.

Enfin, le clergé peut invoquer, en faveur de son droit de propriété, une longue prescription, puisqu'il possédait des biens avant Clovis. Quant à l'objection résultant des entraves apportées à l'exercice du droit de propriété des corps, elle ne signifie rien : toutes les propriétés sont assujetties à certaines entraves.

En résumé, disaient les partisans de l'Église, le clergé est un vrai propriétaire. Si vous le dépouillez, vous ne tarderez pas à reconnaître que vous avez commis une très lourde faute. D'abord, l'opportunité des mesures que vous proposez n'est nullement démontrée ; bien au contraire. Les résultats que vous espérez ne vous apporteront que désillusion. En outre, il faudrait être aveugle pour ne pas constater le danger de ce que vous allez faire. Vous avez déclaré que la dette de l'État est une propriété sacrée, et vous sacrifiez la propriété de l'Église? Première inconséquence. Vous dites que vous agissez dans l'intérêt des capitalistes? Mais pourquoi perdre les bénéficiers? Vous ne voyez pas qu'il est souverainement contraire à la logique de statuer, dans une loi de finance, sur l'existence de tout un corps. Vous ne vous rendez pas compte que les propriétés ont entre elles un lien de connexité qu'on ne peut rompre en aucune part, sans mettre le tout en péril. Attaquer le bien des corps, c'est admettre qu'on puisse ensuite attaquer celui des individus. Et enfin, ne voyez-vous pas que vous portez atteinte à la liberté d'autres individus, c'est-à-dire de ceux qui furent les donateurs et les bienfaiteurs de l'Église? Nous sommes ainsi amenés à envisager la question sous une autre face, en nous plaçant au point de vue, non plus des ecclésiastiques bénéficiers, mais des donateurs, individus ou collectivités.

Turgot, dans l'article précité de *l'Encyclopédie*, avait

émis sur ce point une opinion dont l'influence a été décisive sur la Constituante. En réponse à l'objection d'après laquelle il faut tenir compte de l'intention du donateur, et ne pas se borner à envisager la situation du donataire, il raisonnait ainsi en substance : On dit que l'intention du donateur, émanant d'une individualité, doit être par cela même respectable et sacrée, en tant que manifestation d'une volonté libre. Mais on oublie que les droits de l'individu, pour sacrés qu'ils soient, n'ont point une étendue illimitée. L'homme ne peut pas toujours juger de l'utilité de ses fondations, et surtout il n'a pas le droit d'enchaîner les générations à ses volontés capricieuses. Rien n'est sacré pour toujours; non pas même les tombeaux :

« Si tous les hommes qui ont vécu avaient eu un » tombeau, il aurait bien fallu, pour trouver des terres » à cultiver, renverser ces monuments stériles et remuer » la cendre des morts pour nourrir les vivants » [1].

Ces idées de Turgot ont dominé tous les débats de l'Assemblée, relatifs aux biens du clergé.

Au fond, la gauche de l'Assemblée était persuadée qu'elle ne violait pas la volonté des fondateurs. Peu importe, au dire de Talleyrand [2], que l'on s'empare des biens d'Église, si l'on emploie ces biens suivant l'intention des fondateurs. Or l'intention des fondateurs était de faire deux parts des revenus : 1° la part nécessaire à la subsistance des membres du clergé ; 2° le reste, qui doit *totalement* servir à l'assistance des pauvres et

1. *Encyclopédie*, tome XIV, p. 893.

2. *Ancien Moniteur*, tome II, p. 37.

à l'entretien du culte. Ainsi, la nation peut et doit assurer la subsistance des prêtres; et, ce faisant, elle respectera leur droit de propriété ; elle peut et doit aussi employer tout le reste des revenus au culte, à l'entretien des hôpitaux, à l'assistance des pauvres, etc. Mais elle ne doit puiser dans ces biens qu'au moment d'une calamité générale, c'est dire qu'elle le peut à l'heure présente. Seulement, on ne doit pas accuser l'Etat de méconnaître la volonté des fondateurs. Ce serait entièrement injuste.

C'est en vain qu'on afficherait un respect superstitieux pour l'intention de ces fondateurs, ajoute Mirabeau. Si les fondations ne pouvaient pas être supprimées, elles absorberaient tout. L'Etat peut donc en disposer. Et d'ailleurs, il suffit d'examiner l'origine de toutes ces fondations, pour être fixé sur la légitimité de l'œuvre entreprise[1].

Les unes ont été créées par les rois ; l'Etat peut les reprendre, puisque les rois ne peuvent pas disposer des biens de la nation. Les autres ont été créées par des villes et des communautés. Mais celles-ci n'ont pas la charge du culte ; elle ne doivent pas l'avoir. L'Etat, qui assume cette sorte de dépense, a conséquemment le droit de prendre possession des biens affectés aux dépenses du culte ; et d'ailleurs, les villes ont fait assez pour le clergé en réparant les églises et en assurant l'entretien des prêtres. — Il semble qu'ici Mirabeau lui-même n'ait pas nettement compris ce qu'il voulait dire. — Restent les fondations créées par des parti-

1. *Ancien Moniteur*, tome II, p. 110.

culiers. Mais, à l'égard de celles-ci, l'origine du droit de propriété permet d'expliquer et de justifier leur confiscation.

Le droit de propriété dérive de la loi. La propriété est un bien acquis en vertu des lois, qui peuvent seules la fonder. La volonté publique fait de l'individu un propriétaire et lui donne un titre efficace : sans cette volonté générale, il n'y a point de propriété, il n'y a que possession. Or, aucune loi n'a fait du clergé un corps permanent ; aucun individu n'a pu, par un acte de volonté propre, forcer la nation à admettre le clergé comme propriétaire. L'État, par conséquent, peut décider que l'Église est incapable de posséder des immeubles.

Si l'on prenait d'ailleurs la peine de rechercher l'intention des fondateurs, on s'apercevrait facilement qu'ils n'avaient pas en vue l'intérêt du clergé, mais le soulagement des pauvres et l'entretien du culte ; puisque l'État assume cette charge, Barnave estime que l'Église a le devoir patriotique de s'y résigner et de ne pas contribuer à augmenter la misère publique. Et Chasset ajoute : « Les biens de l'Église appartiennent » aux pauvres. Or, l'État est pauvre. Donc, nous » respecterons l'intention des donateurs en attribuant » à l'État les biens du clergé. »

Les adversaires de la gauche reprennent alors ces raisonnements un à un et s'efforcent de les détruire. Il n'est pas vrai, d'après Boisgelin[1] que l'intention des donateurs ait été d'enrichir la nation. Comme on l'a

1. *Ancien Moniteur*, tome II, p. 115.

dit plus haut, la plus grande partie des richesses de l'Église provient de la cession des biens des chefs d'églises et de monastères ; ceux-ci ne songeaient guère à l'enrichissement de la nation. Sans ces biens, il n'y aurait bientôt plus de ministres, plus de religion. La plupart des services publics, l'enseignement, le culte, l'entretien des hôpitaux, le soin des pauvres et des malades, sont attachés à des domaines possédés de temps immémorial par le clergé ; ce sont des charges qui pèsent presque exclusivement sur ces propriétés, et la nation se trouve dispensée d'une multitude de dépenses qui l'accableraient sans profit.

Mais le grand argument des défenseurs du clergé, celui que la gauche eut le tort de ne pas comprendre, consiste surtout à montrer le danger de la distinction entre les propriétés ecclésiastiques et les propriétés privées [1]. L'abbé Maury s'était longuement étendu sur ce thème. Il montrait que la loi agraire était proche, que toutes les propriétés se trouvaient menacées. En vain l'on invoquait Rousseau et sa théorie de la volonté générale. Cette théorie se retournait contre ceux qui s'en prévalaient, puisque Rousseau avait déclaré que la volonté générale doit partir de tous et s'étendre à tous. Cette volonté perdait de sa rectitude quand elle s'étendait à un fait, à un droit particulier. On nous fait un procès, disait Maury, et la majorité qui prétend *être juge*, est en même temps *partie*, puisque son intérêt personnel est en jeu. Que l'on exige le quart et même la moitié des revenus ecclésias-

1. *Ancien Moniteur*, tome II, p. 54 et p. 112.

tiques ; mais qu'on ne vienne pas aliéner des capitaux qu'on regrettera du reste un jour d'avoir dissipés.

Que devons-nous penser de ces discussions ?

Si nous revenons sur le point de droit qui est, pour nous, le point capital, il nous faut reconnaître, avec M. Janet, que le problème « était un problème de » métaphysique, le problème scolastique des *Réalistes* et des *Nominalistes*[1]. »

Si l'on suppose que le clergé peut être propriétaire, deux hypothèses se présentent : ou il est propriétaire en tant que *collection d'individus*, et alors chacun des membres du clergé est co-propriétaire du tout ; ou il est propriétaire en tant que *personne abstraite*.

La première opinion n'était soutenue par personne. C'est donc que, suivant Maury, les corps sont propriétaires en tant qu'êtres abstraits ; mais, pour qu'un être possède le droit de propriété, il faut lui reconnaître une *substance ;* autrement dit, il faut admettre, à côté des substances individuelles, la *réalité des universaux*.

D'autre part, les partisans de la confiscation des biens ecclésiastiques représentant les idées nettement exprimées de la Constituante, n'admettent qu'une seule substance : l'individu. Celui-ci peut seul avoir des droits, parmi lesquels le droit de propriété. Sans doute, les individus associés peuvent avoir une propriété *collective*, mais cette propriété ne sera jamais *générale*, au sens métaphysique du mot. Et dans ce cas, chaque membre de l'association sera co-propriétaire.

1. *Les origines du socialisme contemporain*, p. 48 à 55.

M. Janet ajoute que le clergé, fût-il une personne réelle, n'aurait pas pu, même dans ce cas, être considéré comme propriétaire ; on devait simplement le considérer comme un administrateur, un exécuteur testamentaire. Les vrais propriétaires, ce seraient : 1° l'*entretien* du culte et 2° le *soulagement* des pauvres, c'est-à-dire deux idées abstraites, dépourvues de substance. L'auteur en question tire cette conclusion que la loi ne peut descendre à de telles abstractions, qu'elle ne peut être liée par une *idée pure*, et qu'elle doit traiter uniquement avec des hommes, c'est-à-dire avec des substances.

Et il termine par ces paroles : « Une propriété qui n'est jamais à personne en particulier et qui passe de mains en mains au service des pauvres, c'est l'idéal communiste lui-même. Au fond, la propriété de mainmorte, c'est la non-propriété. »[1]

Il nous paraît impossible de partager cette manière de voir. La Révolution s'inspirait, nous l'avons dit bien des fois, du principe d'individualisme pur, qui ne peut pas concevoir, en dehors de l'État, l'existence de corps durables « consacrés à travers les générations au service » d'une idée », et pourvus par cela même de certains droits. Il faudrait prouver que la Révolution ne s'est pas trompée, en pensant de la sorte. Sans doute, le clergé n'était pas un individu à part, au sens physiologique du mot, mais il n'en formait pas moins une personne vivante et réelle, une sorte d'État moral, à qui la nation devait, suivant nous, reconnaître des

1. Janet, p. 55, *loc. cit.*

droits, tout en prenant les mesures et les précautions nécessaires pour n'être pas absorbée par lui. Loin de conduire au communisme, la propriété des corps, sagement limitée, peut devenir le meilleur garant de la propriété individuelle, et son appui le plus efficace contre les abus de la puissance publique.

En somme, la Constituante affirmait que la propriété est « une délégation expresse de la loi, un don de l'État, toujours révocable, une sorte de fonction essentiellement viagère, confiée tantôt à l'un, tantôt à l'autre des citoyens, au prorata de ses services ».

II

Les biens de l'Église une fois en possession de l'État, il s'agissait pour celui-ci, non pas tant d'augmenter la richesse publique ou de combler le déficit, que de réaliser une des parties principales de son programme : répartition de la propriété entre les mains du plus grand nombre possible de citoyens.

Les biens nationaux étaient destinés à être vendus. Un décret des 14-17 mai 1790 ordonna la mise en vente de 400 millions des biens du clergé. Cette première vente s'accomplit dans de bonnes conditions, et beaucoup de petits fermiers en profitèrent pour devenir des propriétaires. Mais l'Assemblée avait décidé que les biens du clergé seraient le gage d'une émission de papier ; autrement dit, elle avait créé sur ces biens des *assignations* (d'où le mot *assignats*).

Nous n'entreprendrons pas une étude sur les assignats ; nous remarquerons simplement que ce papier se déprécia très vite, et que le déficit des finances ne fit qu'augmenter. Mais l'Assemblée avait d'autres préoccupations ; elle désirait principalement, suivant ses propres expressions, « opérer l'accroissement heureux, » surtout parmi les habitants des campagnes, du nombre » des propriétaires ». La loi des 10-20 août 1790 recommande aux directoires de faciliter les petites acquisitions. La loi des 3-6 juillet 1791 [1] fait observer que : « constamment occupée du désir de multiplier le » nombre des propriétaires, l'Assemblée nationale n'a » cessé de tendre par toutes ses dispositions, à la plus » grande division possible des domaines nationaux ». Aussi la plupart du temps, les biens acquis furent-ils payés avec une somme représentant moins d'une année de revenus.

Outre la division des terres, la Constituante s'efforça de réaliser la mobilisation du sol. Pour arriver à une division plus rapide, il fallait, en effet, faciliter la transmission de la propriété en débarrassant cette transmission de formalités multiples et gênantes. L'État affranchit de toute hypothèque légale les biens du clergé qu'il aliénait, il déclara non recevable toute opposition à la vente, et décida que ces biens étaient exempts des rentes ou prestations foncières, des droits de mutation, de sous-droits fonciers fixes ou casuels, de toutes dettes, rentes constituées et hypothèques. Pour permettre les reventes, la loi accordait des

1. *Dalloz*. Répertoire, tome XVII, p. 300.

exemptions de contrôle, et abolissait le retrait lignager.

En outre, avec la création des assignats, on essayait d'instituer une monnaie *accidentelle* qui permît de multiplier les acquisitions de biens nationaux et augmentât la mobilisation de la propriété foncière.

C'est une question très controversée que celle de savoir si la Révolution, en agissant ainsi, a réellement accru, dans des proportions notables, le nombre des petits propriétaires de France. Il est de fait que la petite propriété existait déjà avant la Révolution et qu'elle était même très répandue. Quant à l'avantage économique résultant de la division des terres, il est difficile de l'apprécier avec certitude, à cause des divergences profondes qui partagent sur ce point les statisticiens. Mais nous retenons le principe et l'intention de la Constituante. Le principe est bien net, et l'intention bien évidente, c'est ce qu'il suffisait de démontrer.

III

Il y avait d'autres personnes morales que l'Église, c'étaient les *Corporations*. Elles subirent le même sort que les congrégations, les hôpitaux, les hospices et les établissements charitables. Mais les mesures qu'on leur appliqua furent plutôt l'œuvre de la Convention ; aussi ne ferons-nous qu'effleurer cette question, d'autant plus que les discussions de principes étaient les mêmes que celles provoquées par la main-mise sur les biens du clergé.

Les corporations possédaient une propriété collective qui dérivait de la souveraineté féodale ; elles tenaient ce dernier caractère des anciens corps de métiers du moyen-âge.

Les ressources des corporations étaient de deux sortes : elles comprenaient d'abord le prix des jurandes et des maîtrises (qui demeurait entre les mains de ceux qui vendaient leur charge et, par conséquent, n'appartenait point en propre aux corporations) ; ces ressources comprenaient aussi des valeurs mobilières et immobilières.

Les maîtrises et jurandes avaient été déjà supprimées par Turgot, puis rétablies partiellement. Les corporations furent définitivement abolies par la loi du 17 mars 1791. Le législateur proclamait la liberté de l'industrie et du commerce, conformément aux doctrines physiocratiques ; il promettait aux anciens titulaires des maîtrises et des jurandes une indemnité des 2/3 de leur prix, soit 40 millions, et leur paya cette indemnité en assignats.

Les biens des corporations furent confisqués purement et simplement au profit de la nation, et rentrèrent dans la catégorie des biens nationaux.

CHAPITRE IV

APPLICATIONS DES PRINCIPES A LA QUESTION DE L'ÉGALITÉ DES SUCCESSIONS ET DE LA LIBERTÉ TESTAMENTAIRE.

I

La Constituante avait aboli le régime féodal ; avec lui, le droit d'aînesse et celui de masculinité avaient disparu. Il fallait déterminer les principes destinés à régir la question de la liberté testamentaire.

Dans l'ancien droit, deux systèmes se partageaient la France : celui de la liberté testamentaire, dans les pays de droit écrit, et celui du partage égal, combiné avec le droit d'aînesse, dans les pays de coutumes. Le premier système convenait aux classes riches et aristocratiques dont il permettait de maintenir, sous une forme nouvelle, la situation privilégiée. Le second, débarrassé du droit d'aînesse, dérivait logiquement du principe d'égalité, et, par conséquent s'adaptait au génie de la Révolution. Ce fut à la séance du 2 avril 1791[1], qu'on aborda le sujet qui nous occupe.

Rappelons tout d'abord ce qui concerne les successions ab intestat ; nous verrons ensuite la question de la liberté testamentaire. Sous le régime féodal, le principe qui réglait les rapports entre les membres de la famille, reposait sur une idée d'inégalité. Cette inégalité régnait même dans les familles roturières. Outre les droits d'aînesse et de masculinité, outre la différence entre les biens nobles et les biens roturiers, on distinguait en effet les *propres* et les *acquêts*. Les propres étaient soumis à des *réserves coutumières ;* quand les héritiers étaient des collatéraux, les biens suivaient « la ligne de leur origine et remontaient vers » le fait primitif de la possession...... ce n'était pas la » constitution de la famille par les liens du sang qui » déterminait la successibilité, c'était la constitution » foncière. »

Les droits d'aînesse et de masculinité furent supprimés par le décret du 15 mars 1790, sauf en ce qui concernait les individus mariés ou veufs avec enfants.

Le décret du 8 avril 1791 déclare que : « Tous » héritiers en égal degré succèderont par portions » égales dans chaque souche, dans le cas où la repré- » sentation est admise ».

En ligne descendante, on admet la représentation à l'infini. Les filles ne sont plus exclues. L'égalité est établie au profit des enfants des divers lits. Mais la

1. *Ancien Moniteur*, tome VIII, p. 19.

question essentielle, celle qui donna lieu aux plus importants débats, ce fut tout naturellement celle de la liberté de tester.

Il va sans dire que les cahiers des États-Généraux contenaient des vœux sur cette question capitale. Ajoutons que ces vœux étaient généralement très modérés.

Un grand nombre de cahiers demandent : 1° l'égalité dans les successions, et 2° des restrictions au droit de tester. Un très petit nombre de ces cahiers proposent en outre des restrictions à la faculter d'hériter.

Peu de temps avant la Révolution, Fauchet, dans son ouvrage sur « la *Religion nationale* » avait conclu à l'établissement d'une loi sur les successions : Cette loi devait ordonner l'égalité des partages, fixer le maximum de la part de chaque enfant au même chiffre et rendre la commune héritière dans un grand nombre de cas.

Bonneville, auteur de *l'Esprit des Religions*, proposait des mesures identiques. « Le seul moyen » possible, dit-il, d'arriver à la grande communion » sociale, est de diviser les héritages territoriaux en » parts égales et déterminées pour les enfants du » défunt. »

En résumé, ce qu'on affirmait surtout, c'était la nécessité du partage égal.

Sur ces entrefaites, l'Assemblée décida qu'elle s'occuperait des deux questions suivantes : « La faculté de » disposer sera-t-elle étendue à tout le royaume? » Quelles en seront les limites?

Sur cette question de la liberté testamentaire, il est

bon de rechercher quels furent les mobiles qui déterminèrent les Constituants à modifier complètement l'ancienne législation. La première raison de leurs actes fut naturellement la haine du passé. Il leur paraissait impossible de laisser debout ces fortunes immenses qui formaient un obstacle aux idées d'égalité et de frugalité. En outre, ils avaient une foi profonde en la bonté naturelle de l'homme. Pourquoi gêner les aspirations de l'individu vers le bien ? L'autorité paternelle illimitée ne peut être qu'inutile ou nuisible : inutile, si l'enfant est vertueux ; nuisible, si le père entend diriger la volonté de son fils, comme un despote disposerait de la liberté de ses sujets. Ainsi, la morale, le droit et l'utilité étaient d'accord pour exiger des règles nouvelles.

La morale, d'abord. Dans les pays de droit écrit, affirme Pétion [1], tout homme peut se faire des héritiers en réduisant la part de ses enfants. Pratiquement, c'est toujours l'aîné des enfants qui bénéficie de ces dispositions. Or, un tel fait est évidemment contraire aux lois de la nature, et entraîne des abus nombreux dans l'ordre social. Les enfants s'appliquent à flatter leur père, pour capter son affection, et s'efforcent de nuire à leurs frères ; quand le père est mort, on constate un contraste navrant entre l'opulence de l'aîné et la misère des cadets qui, désormais, ne pourront même plus s'enfermer dans un cloître. Assurément, il faut respecter la puissance paternelle ; mais laissera-t-on cette même puissance contribuer au développement de

1. *Ancien Moniteur*, tome VIII, p. 20

l'égoïsme et de l'avarice des enfants, en faisant de l'amour filial un sentiment purement vénal ?

Aussi, la loi, suivant Robespierre[1], disposera bien plus sagement et surtout bien plus impartialement que le testateur. Et l'on aurait tort de dire que l'autorité paternelle souffrira de ce chef. Un fils ne doit pas aimer son père, parce que celui-ci le favorisera après sa mort. C'est le hasard seul qui a permis que l'ancien droit admît cette règle. Il n'y a de vraiment sacré dans la puissance paternelle que l'autorité qui s'exerce dans l'intérêt des enfants.

Après la morale, le droit. L'Assemblée, en décrétant l'égalité des partages, a établi dans les successions un ordre que prescrit la nature. Le principe d'égalité des partages étant admis, il est impossible de permettre à un homme de déranger cette harmonie. C'est du moins l'avis de Pétion. Mais les principaux arguments juridiques émanent surtout de Mirabeau[2] et de Tronchet. Les juristes, au dire de Mirabeau, ont commis une erreur en donnant pour fondement aux testaments le droit naturel.

Les vices de la féodalité ont imprimé leur cachet sur les esprits et les mœurs, autant que sur les lois. D'ailleurs la liberté testamentaire existe chez presque tous

1. *Ancien Moniteur*, tome VIII, p. 56.

2. Mirabeau venait d'expirer. Ce fut Talleyrand qui lut son discours à la tribune. Il convient de remarquer que son discours est en entier l'œuvre de Reybaz, de même que le discours prononcé par le grand orateur sur les biens du clergé, a été écrit par Pellenc. Mais Pellenc et Reybaz, aussi bien que les autres collaborateurs de Mirabeau — et ceux-ci étaient fort nombreux — partageaient toutes ses idées sur l'origine du droit de propriété et, par conséquent sur celle du droit de tester.

les peuples du globe. C'est pourquoi l'on est tenté de conclure qu'elle est issue du droit naturel.

Il s'agit donc d'établir ce que la raison prononce à cet égard. La propriété est-elle un droit naturel ou un bienfait de la société ? Si c'est un bienfait de la société, est-il vrai qu'elle entraîne le droit de disposer des biens après la mort ? Telles sont les deux questions essentielles.

L'homme dans l'état de nature, n'a de droit sur aucun objet, car ce qui appartient à tous n'appartient à personne. L'homme de la nature n'a de droit que sur le fruit de son travail. Voilà un premier point établi.

C'est le partage des terres fait et consenti par la société, qui est l'origine de la vraie propriété. Ce partage implique donc une loi réelle. Le droit de propriété est une création sociale. Les lois font naître la propriété et la déterminent.

La propriété est née. La loi qui l'a créée, la protège. En résulte-t-il que la liberté testamentaire soit de droit ? Assurément non. Entre le droit de propriété, c'est-à-dire le droit de disposer des biens, de son vivant, et le droit de tester, il y a la même différence qu'entre la vie et la mort. La mort engloutit tous les droits de l'homme. Etre mort ou n'avoir jamais été, c'est la même chose.

Le néant ne peut pas avoir de droit. Sans doute, il est de tradition qu'on respecte la volonté des morts, mais il y a des limites à ce respect. La propriété, qui est fondée sur la loi, trouve dans cette loi même des règles, des restrictions. Par exemple, la loi interdit les prodigues ; elle peut donc aussi interdire à l'homme de disposer arbitrairement de ses biens. Telle est la vérité ; les Romains ne l'entendaient pas de même ; ils ont exagéré la puissance du père de famille. Ce n'est pas une raison pour nous figer dans l'admiration de ces lois [1].

La conséquence pratique de tout ceci, c'est que l'on doit prohiber toute institution de préciput, majorat, fidéicommis, par contrat ou par testament. Il serait bon également que toute personne ayant des descendants en ligne directe ne pût disposer que d'une quotité de ses biens, en représentant la dixième partie.

Tronchet [2] reprend ces arguments, avec plus de logique et une dialectique bien supérieure. Il répète que dans l'état de nature, il n'y a point de droit de propriété, ou, pour mieux dire, que la propriété est un fait plutôt qu'un droit. Si l'homme n'a pas le droit de propriété, il a encore moins celui de disposer des biens qui ne lui appartiennent pas. Encore une fois, dans la société, les lois sont la source de la propriété. Elles ont aussi engendré le droit de transmettre les biens qu'on possède. En effet, pour que la société puisse se former, il a fallu la propriété ; pour qu'elle puisse durer, il faut la transmissibilité des biens, qui empêche le

1. Nous trouvons, dans ce même discours, une théorie relative au droit *naturel* des enfants sur la succession de leur père. Mirabeau explique sa théorie, en disant que les biens du défunt rentrent de droit dans la communauté et retournent, en vertu de la volonté générale, aux héritiers légitimes, qui doivent *naturellement* continuer la jouissance de leur auteur et les droits résultant logiquement de l'état de communauté qui précédait. Mirabeau se trouve ici en contradiction absolue avec ce qu'il affirmait plus haut, puisqu'il fait intervenir le droit naturel.

2. *Ancien Moniteur*, tome VIII, p. 57.

désordre et la confusion. Sans le droit de succession, l'homme se bornerait à produire ce qui lui est nécessaire pour vivre; il ne songerait pas à amasser pour ses descendants. Il fallait donc déterminer un mode de transmission : ou bien la loi, ou bien la volonté du défunt. Beaucoup de publicistes ont pensé qu'il fallait préférer la volonté exprimée du propriétaire à la loi, parce que le droit de propriété est perpétuel. Celui qui peut user de sa chose pour le présent peut, dit-on, en disposer pour l'avenir. C'était le système du droit romain. Le droit français a choisi une voie opposée : les héritiers de la loi ont seuls le droit d'hériter. Les idées du droit français sont plus conformes aux principes véritables; car la loi naturelle, par cela même que l'homme est mortel, ne lui a donné qu'un droit viager sur les choses. La convention sociale peut régler le fond et la forme du droit de tester, puisqu'elle a créé ce droit.

En outre, la loi seule peut assurer l'intérêt général, que compromettrait une liberté de tester trop absolue. Un ordre légal de successions maintient la division des propriétés et favorise l'égalité. Enfin, il est permis de laisser à l'homme une quotité disponible que l'on ferait varier suivant le degré de parenté qui existe entre lui et ses héritiers.

En somme, l'idée générale qui ressort de toutes ces considérations, c'est que le droit de tester, basé sur la loi, doit avoir pour effet, en outre des avantages moraux énumérés plus haut, d'établir dans le pays une égalité des biens, une division de la propriété aussi grandes que possible.

Il faut se rappeler en effet que l'égalité des partages, outre qu'elle est logique et morale, présente aussi une très grande utilité pour le pays.

Tout d'abord, on ne doit pas oublier que la jouissance des droits politiques est subordonnée au paiement d'une certaine contribution; si l'on admettait l'inégalité des partages, il en résulterait, d'après Pétion, que l'on priverait la nation de beaucoup d'électeurs. On priverait aussi un grand nombre d'hommes de leur liberté, puisque la liberté c'est la jouissance des droits civiques. En outre, la division de la propriété est la source du bonheur public; il ne faut point tarir cette source. Puisque l'on tend à l'égalité des droits, on doit se rappeler aussi que l'inégalité des fortunes engendre l'inégalité des droits.

Il faut donc réprouver entièrement les dispositions testamentaires qui détruisent l'effet des successions ab intestat. L'histoire nous offre là-dessus de précieux exemples. Mirabeau nous cite celui de Solon. Ce législateur, tout en respectant le droit de tester, le retire cependant aux chefs de famille, afin qu'en ligne directe *tout* soit réglé par les lois de la République, et *rien* par la volonté des citoyens. La société souffre déjà des caprices des vivants; il est inutile de lui faire subir en outre ceux des morts, d'autant plus que les morts donnent cours à l'exagération de leurs passions avec bien plus de force que les vivants, car rien ne les retient plus, ni le ridicule, ni les reproches.

Il faut donc respecter ces deux principes qui se trouvent en présence : d'un côté l'égalité du droit des enfants, et surtout, de l'autre, le principe fondamental, basé sur l'utilité, et qui s'applique même aux successions collatérales : « La trop grande inégalité des fortunes est la source de l'inégalité politique, de la destruction de la liberté ». On ne saurait trop répéter (c'est l'avis de Robespierre), que la loi doit tendre à diminuer l'inégalité, source de tous les vices. C'est dans l'intérêt public que la loi admet comme héritiers les enfants du propriétaire décédé; l'intérêt public étant celui de l'égalité, il faut par conséquent établir l'égalité dans les successions. La liberté de tester compromettrait l'intérêt général. La loi seule peut assurer et faire respecter cet intérêt général, voilà qui est indubitable.

Tout cela paraît indubitable à la gauche; mais il s'élève des voix autorisées pour affirmer le danger des théories qui semblent devoir triompher. Le discours de Mirabeau, surtout, donne lieu à des critiques très vives. Mirabeau suppose, suivant l'opinion commune de l'époque, un état de nature, et il imagine des lois pour cet état de nature. Ainsi l'homme n'a aucun droit de propriété, primitivement; et, en même temps, par une contradiction bizarre, il a droit aux fruits du travail qu'il a exclusivement fourni. Pourquoi permettre à l'homme de couper un arbre et lui en donner la propriété, au nom du droit naturel, tandis que la loi seule le rendra propriétaire du sol qu'il a cultivé? Où est le criterium?

Si maintenant la propriété est une création sociale, que devient la liberté individuelle? La loi peut défaire ce qu'elle a fait. Elle peut dépouiller un homme de tous ses biens ; autrement dit, elle peut lui retirer toute liberté de fait ; que signifie aussi cette parole : « Être mort ou n'avoir jamais vécu, c'est la même chose » ? C'est là une phrase creuse qui ne signifie rien, ou bien c'est une erreur juridique monstrueuse. L'homme se perpétue dans ses enfants. Puis, de son vivant, il a fait des actes, il a mis en jeu ses droits, il a vendu, acquis, donné ; en un mot, il a laissé des traces. Toute l'argumentation de Mirabeau est d'une extrême faiblesse, et contient un tissu d'erreurs grossières que Robespierre ne fera que reprendre, avec plus de style et moins d'éclat, dans son discours du 5 avril.

A cette réfutation partielle de Mirabeau vient se joindre la réfutation générale, faite par Cazalès, des idées dominantes du XVIIIe siècle en la matière. Son discours, très remarquable, contient en germe tous les éléments d'une théorie qui s'épanouira plus tard dans les écrits de Le Play et de son école.

Cazalès [1] reprend tous les arguments développés par les disciples de Rousseau. Il estime que l'égalité des successions n'est conforme en rien aux lois de la morale, du droit, de l'utilité.

D'abord, l'égalité des successions n'est pas plus conforme au droit qu'à la morale. La Constituante a perdu de vue ce principe que le bonheur du peuple dépend surtout de la bonté des lois civiles et qu'il faut par conséquent discuter celles-ci avec beaucoup de soin ; ce que ne fait pas l'Assemblée, ajoute Cazalès.

1. *Ancien Moniteur*, tome VIII, p. 59.

On aurait dû, suivant la méthode de Montesquieu, étudier les lois sur les successions en les considérant dans leur influence sur les mœurs des citoyens, sur l'agriculture, sur la multiplication des denrées, et dans leurs effets sur l'amour de la patrie et sur la prospérité nationale. On aurait pu constater ainsi que le droit de tester est une conséquence nécessaire de la puissance paternelle et que la liberté testamentaire offrirait l'avantage de donner satisfaction à la totalité des chefs de famille.

Quelle est l'origine de la liberté testamentaire? Celle-ci nous vient de Rome; elle doit son origine à un triple sentiment : religieux, patriotique et familial. Chaque citoyen devait, en principe, avoir une propriété qui l'attachât à sa patrie. Ce système a donné à Rome cinq cents ans de gloire et de vertus. Il en pourrait donner davantage à la France.

Maintenant, est-il vrai de dire que l'inégalité des partages soit une conséquence du régime féodal? Non. Cinq siècles avant la féodalité, elle existait déjà. La loi salique l'admettait, parce qu'il n'était pas juste que les filles reçussent leur part de propriété d'un champ qu'elles n'avaient pas cultivé. Celui qui n'a pas cultivé ne doit recueillir aucun fruit. Or, la propriété est le fruit du travail ; telle est l'idée très républicaine, très juste, très démocratique, qui condamne l'égalité des partages. Admettons que le droit naturel n'oblige pas le père à faire hériter ses enfants : c'est l'opinion de Montesquieu. Mais, sans nous attarder plus longtemps là-dessus, n'oublions pas que nous devons nous placer à un autre point de vue que le point de vue juridique. Il s'agit surtout de se demander si l'égalité des successions est conforme à l'intérêt général. Ici encore, Cazalès répond négativement.

Quel est le lien qui unit la terre, la patrie, la famille? Ce ne peut être que la propriété, dit Cazalès. Divisez le sol entre tous, il n'y aurait pas assez de parcelles de terre pour chaque homme. A la mort du père de famille, il faudrait vendre ou morceler l'héritage. Vendre les champs, c'est créer la grande propriété, c'est grossir la classe des non-propriétaires. Morceler à l'excès, c'est créer une situation tout aussi désastreuse.

Au point de vue de la culture, la division du sol convient aux terres fertiles, et non pas aux terres stériles, aux pacages, aux forêts; ainsi en Bourgogne, la division des vignobles est impossible.

Au point de vue du commerce, il est nécessaire que le père attribue une part plus considérable à celui de ses enfants qui fera le mieux prospérer les affaires.

Au point de vue de l'impôt, il n'est pas possible d'établir des impôts directs, si les propriétés sont trop divisées, et l'on ne doit pas non plus, avec le morcellement, songer à améliorer les systèmes de culture.

Que faut-il donc faire?

Établir en principe la liberté testamentaire, avec des restrictions et des modifications propres à certaines provinces. La liberté de tester affermit l'autorité paternelle, elle rend les familles fortes et unies. Dans les familles méridionales, il existe toujours un chef dans chaque maison; à la mort du père, le fils aîné lui succède et détient l'autorité, comme un vrai monarque. Aussi les mœurs y sont-elles extrêmement pures. Si l'on veut sauver la France et l'œuvre de la Révolution, conclut Cazalès, il faut restaurer sans retard l'autorité paternelle.

Prenons maintenant les œuvres de Le Play, par exemple *l'Organisation de la famille*. Nous y trouvons des idées tout-à-fait identiques et des raisonnements analogues ; quelques citations suffiront à nous fixer [1] :

« Les petits propriétaires qui, au moyen-âge, gar-
» daient les traditions du travail et de la liberté.....
» à l'aide du testament, n'ont point conservé en France
» leur situation prépondérante..... La rupture des liens
» sociaux suivit de près la décadence des mœurs.....
» Cette force et cet esprit d'initiative que la petite
» propriété avait conservés malgré la décadence de la
» monarchie absolue, furent ébranlés dans leur principe
» même par les violences de la Révolution. On vit alors
» une aveugle tyrannie attaquer dans leurs plus chers
» intérêts d'innombrables familles..... La liberté testa-
» mentaire — disaient les révolutionnaires — était
» incompatible avec l'esprit de la Révolution. Les pères
» usaient du droit de tester pour perpétuer dans leurs
» familles des sentiments hostiles au nouveau régime —
» disaient encore les révolutionnaires — ..... Les idées
» antisociales..... firent abroger la plus vénérable
» coutume des peuples civilisés..... Cette malsaine
» conception..... vouait définitivement à la destruction

1. *Le Play. L'organisation de la famille*, p. 71, 72, 74, 79, 80 (note 7), etc.

» les petits propriétaires, qui auraient dû rester, comme » ils l'étaient précédemment, les meilleurs soutiens de » l'ordre social..... Le partage forcé, qui matériellement » détruit le foyer familial par ses licitations périodiques, » et qui moralement substitue à l'esprit de famille » l'égoïsme individuel, provoque directement la stéri- » lité du mariage..... »

Nous pouvions donc noter en passant que le discours de Cazalès a nettement inspiré les théories maîtresses de Le Play sur la réforme sociale par la liberté testamentaire et la reconstitution de la famille. Il faut bien ajouter aussi que Le Play n'a pas rendu à son précurseur l'hommage qui convenait.

Revenons maintenant aux théories dominantes de la Révolution à ce sujet. Les 8-15 avril 1791, le principe de l'égalité des partages dans les successions ab intestat avait été proclamé. La discussion sur la liberté testamentaire n'aboutit point, et il faut arriver au 11 mars 1793 pour constater l'abolition du droit de tester. Nous n'avons donc plus qu'une question à examiner :

Quel est le sens des doctrines générales de la Constituante au point de vue qui nous occupe ?

Tout d'abord, la Constituante admet que les enfants doivent succéder à leurs pères. Celui qui possédait un bien, qui en jouissait durant sa vie, peut et doit transmettre la plus grande partie de son héritage à ses continuateurs naturels. Tel est le premier principe.

Mais ici, d'après les Constituants, on rencontre un écueil. Est-il juste, est-il prudent surtout que la propriété en général (et la propriété foncière en particulier) se resserre entre les mains de quelques privilégiés, de telle sorte que, dans l'avenir, nul ne pourra acquérir par son travail une place parmi les propriétaires ?

Supposons que le père ait une liberté de tester illimitée ; il sera bien tenté de transmettre à l'aîné de ses enfants ou à celui de ses enfants qu'il aime le mieux, la totalité de ses biens-fonds, de sorte qu'au bout de très peu de temps, une caste privilégiée se trouverait la maîtresse absolue du sol.

A côté de cette caste, tous les déshérités formeraient une masse anarchiste et dangereuse au suprême degré. Le dogme préféré de la Révolution, le principe de la tendance à l'égalité des fortunes, serait violé. Il faut le plus grand nombre possible de propriétaires ; autrement dit, un temps doit venir où tout Français sera libre, maître d'un peu de sol, et jouira de tous les droits attachés à la qualité d'homme.

Interdire la liberté de tester, c'est défendre à un petit nombre d'accaparer toute propriété, aux dépens du reste des Français. Libérer la propriété, la rendre accessible à tous, doit être l'unique objectif du législateur.

II

Il nous reste à ajouter quelques mots à propos des critiques plus récentes formulées contre cette théorie du partage égal, préconisée par l'Assemblée Constituante et tant attaquée de nos jours.

Les disciples de Le Play[1] ont souvent déclaré que le régime du partage forcé détruisait l'esprit de famille et corrompait la jeunesse. Une critique trop fondée est celle-ci : La législation du droit révolutionnaire a empêché l'accroissement normal de la famille et amené la dépopulation.

Sans doute, il est d'autres causes de dépopulation, mais celle-là est certainement l'une des plus importantes. Le père de famille ne peut songer à transmettre en bloc à l'un de ses enfants une terre, une exploitation qui ne prospèrent que si elles restent indivisibles ; il en résulte que ce père de famille a recours à la contrainte morale et limite l'accroissement de sa famille, de façon à n'avoir jamais plus d'enfants qu'il n'en peut enrichir. Suivant l'expression de M. Paul Leroy-Beaulieu, *(Économiste français de mars 1880)*, on continue à faire des aînés, en supprimant des cadets. Et cet auteur ajoute : « Si des lois ont pour effet de pousser la » plus grande partie des populations à n'avoir qu'un » enfant par famille, il faut avouer que ces lois, » pour sacro-saintes qu'on les tienne, non-seulement » outragent la morale, mais conspirent contre la » grandeur nationale. »

On reproche encore au partage égal de favoriser les abus du morcellement. On insiste sur ses effets désastreux vis-à-vis de l'industrie, du commerce et de l'agriculture. Le partage égal, dit-on, est contraire aux intérêts des héritiers qui peuvent rarement continuer, sans de grosses pertes, l'œuvre de leur père. Dans les

1. *Claudio Jannet*, etc.

campagnes, la terre devient pareille à un échiquier « aux cases microscopiques » ; les baux à long terme sont impossibles. Enfin le problème des successions se réduit, suivant une expression pittoresque, au partage d'une somme d'argent. C'est la ruine ou tout au moins l'amoindrissement de la fortune publique.

Ces critiques renferment une part de vérité, mais elles paraissent tout au moins exagérées. Les intentions de la Constituante étaient bien nettes : elle voulait combattre *l'immobilisation* de la propriété, et cette aspiration était en somme légitime. D'autre part, la liberté du père de famille n'est point tellement mise en échec qu'on voudrait le faire croire. En pratique, les testateurs n'usent presque jamais, en faveur d'un de leurs enfants, de la réserve qui leur est laissée.

Il est donc difficile de soutenir que cette réserve est insuffisante, puisqu'on n'en dispose que très rarement.

Toutefois, il est impossible de nier que le principe d'individualisme ait, ici encore, régné en maître. Robespierre déclarait que la propriété est *viagère* et *discontinue;* Tronchait affirmait qu'elle n'est qu'une délégation de l'État, *personnelle* et *momentanée.* A part Cazalès, on n'a même pas la notion d'une *propriété de famille* existant indépendamment de l'individu ; aux yeux de la Révolution, ce n'est pas la famille qui doit détenir d'une façon permanente les biens fonciers; l'État seul est, au fond, détenteur de tout bien, et il a le devoir essentiel de propager l'égalité et la division extrême de la terre.

CHAPITRE V

APPLICATION DES PRINCIPES A QUELQUES CHARGES DE LA PROPRIÉTÉ FONCIÈRE. — LA CONTRIBUTION FONCIÈRE. — LE DROIT DES PAUVRES A L'ASSISTANCE PUBLIQUE. — RESTRICTIONS A LA PROPRIÉTÉ DES MINES.

I

La propriété, suivant la Constituante, a son origine dans le droit civil. C'est la loi qui rend l'homme propriétaire, et qui lui permet de conserver sa propriété. Il est donc équitable qu'en retour de ce bienfait de la loi, le propriétaire verse à l'Etat un certain tribut, appelé contribution foncière.

La contribution foncière exista dès les temps primitifs. C'était un tribut que les détenteurs de la terre payaient à la communauté, pour garder le droit de jouissance d'une chose autrefois commune.

Sous le régime féodal, le roi, souverain fieffeux, possédait le domaine éminent de tout le royaume; quand il donnait une terre en fief ou en censive, il stipulait une redevance particulière qui consistait en des services personnels ou en des services réels.

L'impôt foncier, au point de vue historique, ne ressemble donc pas aux autres impôts : c'est une charge, c'est une rente qui accompagne la propriété individuelle.

C'est dans ce sens que Turgot disait qu'un homme qui achète une terre, n'achète que le revenu net, déduction faite de la dîme et de l'impôt. L'impôt foncier peut donc être considéré comme affectant le caractère d'un revenu *domanial*, plutôt que d'une contribution proprement dite.

On a dit encore que l'impôt foncier retombe de tout son poids sur la rente du sol dont il est une partie intégrale. L'Etat s'attribuait autrefois cette portion de la rente, sous la forme d'un prélèvement sur les récoltes, appelé la dîme.

Le but de la Constituante fut de remplacer la dîme par un impôt unique qui devait frapper le sol et les constructions, et qui devait être proportionné au revenu net de chaque propriétaire. Il fallait pour cela confectionner des états descriptifs de la propriété foncière, appelés *cadastres*, travail immense qui fut commencé plus tard et qui dura quarante-trois ans.

L'idée essentielle du système révolutionnaire, c'est que pour satisfaire aux idées d'égalité et de justice, pour développer les progrès de la démocratie, l'impôt doit être *réel*, mais dans ce sens tout particulier qu'il doit porter principalement sur la terre ; autrement dit, le véritable impôt démocratique serait l'impôt foncier.

Ce que l'on doit atteindre, ce sont les sources du produit, et la source unique de tous produits, suivant les physiocrates, c'est la terre. Or, les physiocrates ont exercé, en matière d'impôts, une influence presque exclusive sur l'Assemblée. Examinons l'œuvre de cette dernière.

Cette œuvre se trouve condensée dans le décret des 23 novembre-1er décembre 1790 [1]. Les principes généraux qu'on peut y relever, sont les suivants :

1° Les contributions publiques doivent être proportionnelles à la fortune de chacun ; c'est le principe d'égalité.

2° C'est le revenu net des propriétés foncières qui détermine la quotité de l'impôt.

3° Les citoyens ont le droit de fixer le montant de l'impôt, d'en surveiller l'emploi, et de s'en faire rendre compte.

Le premier principe, celui de l'égalité des citoyens devant l'impôt était admis théoriquement depuis longtemps.

L'Assemblée des notables de 1788 avait fortement insisté là-dessus en demandant qu'on établît la plus parfaite égalité dans la répartition des subsides. Les princes du royaume et les pairs avaient émis une opinion semblable ; ils déclaraient qu'une révolution était imminente, et que, pour la conjurer, il était nécessaire que

1. Dalloz. — Répertoire, tome XXVII, p. 222 à 229.

les ordres privilégiés fissent l'abandon de leurs privilèges en matière d'impôt. Tout cela nous explique d'avance les résolutions célèbres de la nuit du 4 août. Les cahiers des États-Généraux contenaient aussi à cet égard des indications nombreuses et précises. Beaucoup de cahiers du clergé et de la noblesse déclaraient renoncer à leurs exemptions. Le 5 mai 1789, dans son discours d'inauguration des États-Généraux, le roi constatait cette tendance d'esprit des ordres privilégiés. Necker ajoutait que l'égalité des répartitions entre les contribuables, sollicitée par le Tiers-État, était volontairement acceptée par la Noblesse et par le Clergé. Ainsi le décret des 23 novembre-1er décembre 1790 ne faisait que mettre en application un principe presque universellement admis.

Nous avons parlé de l'influence énorme des économistes sur la Constituante, en matière d'impôt. Nous avons montré déjà que le produit net de la terre est, au dire des physiocrates, la seule matière imposable, parce qu'il est seul réel et disponible. La Constituante appliquait simplement cette théorie, quand elle déclarait dans les articles 2 et 3 de la loi du 1er décembre 1790 :

« Le revenu net d'une terre est tout ce qui reste à
» son propriétaire, déduction faite sur le produit brut
» des frais de culture, semences, récolte et entretien.
» Le revenu imposable est le revenu net moyen, cal-
» culé sur un nombre d'années déterminé. »

Pour se conformer à cette définition, la loi exigeait par conséquent la détermination du produit brut de chaque terre, et ensuite l'évaluation des frais de culture, de semences et d'entretien.

On obtenait ainsi le produit net, en déduisant les frais du produit brut.

L'*Instruction* [1] de l'Assemblée nationale, de décembre 1790, reconnaît que les frais de culture sont très multiples et peu faciles à calculer en détail.

Ce qui augmente encore la difficulté, c'est que les calculs doivent porter non-seulement sur le produit net de l'année, mais aussi sur celui des quinze années précédentes, car le produit net à imposer est un produit net moyen.

En somme, toutes ces prescriptions étaient parfaitement arbitraires et inexécutables. La méthode physiocratique — d'après laquelle on ne doit tenir aucun compte de faits contingents ou de situations transitoires — étale ici tous ses inconvénients. L'entreprise était purement chimérique. Du reste, l'*Instruction* de l'Assemblée reconnaissant le caractère impraticable des moyens ordonnés, déclare tout d'abord que, pour simplifier, on peut faire porter les calculs sur 200 à 300 arpents seulement et répartir ensuite la somme que l'on aura trouvée sur chaque arpent. Enfin, elle insinuait qu'il serait encore beaucoup plus simple de se baser purement et simplement sur la *valeur locative* de la terre. Elle n'emploie du reste pas l'expression de « valeur locative », mais le sens de la phrase est suffisamment clair :

1. Dalloz, Répertoire, tome XXVII, p. 224.

« Il faudra que chaque estimateur se dise en » lui-même :

» Si j'étais propriétaire de ce bien, je pourrais » trouver à l'affermer raisonnablement *tant*. »

La loi décide ensuite que la contribution foncière sera d'une somme fixe et déterminée annuellement par chaque législature. Elle établit en outre que la contribution foncière doit être perçue en argent, et non pas en nature.

La loi de 1790 s'est efforcée de satisfaire les vœux répétés dont l'expression avait tenu une si grande place dans les cahiers des États-Généraux, et dans les délibérations des Assemblées provinciales. Elle supprimait l'arbitraire dans la perception des impôts, diminuait les frais absorbés par les agents du fisc ; elle permettait les réclamations ; enfin et surtout, elle établissait l'égalité des citoyens devant l'impôt.

Nous passerons rapidement sur le reste de la loi, qui s'occupe des détails d'exécution. La loi de 1790 donne à des commissions d'habitants de la commune la charge de eonfectionner des états indicatifs des propriétés et d'évaluer leurs revenus. — Les officiers municipaux feront les matrices ; les directoires de districts veilleront à l'expédition des rôles. — C'est l'application du principe d'après lequel les citoyens fixent eux-mêmes le montant de l'impôt et en surveillent l'emploi. — L'Assemblée ordonnait, nous l'avons dit plus haut, la confection d'un cadastre général ; la loi de 1790 prescrivait des mesures provisoires : on devait rechercher la situation et la contenance des propriétés individuelles, avec leur revenu approximatif.

Pour calculer le revenu, les officiers municipaux devaient agir en leur âme et conscience; la garantie était peut-être insuffisante.

Les citoyens avaient en outre droit à une réduction, dans le cas où ils étaient « *cotisés* à une somme plus » forte que le sixième de leur revenu net foncier, à » raison du principal de la contribution foncière. »

La perception de cette contribution foncière était confiée dans chaque municipalité, par voie d'adjudication, au soumissionnaire qui offrait de l'opérer au plus bas prix.

On voulait ainsi réduire au minimum les frais de perception. — Les contribuables en retard devaient payer, outre l'arriéré de leur contribution, un intérêt de 6 o/o pendant les quatre premiers mois, de 5 o/o pendant les quatre mois suivants, et de 4 o/o pendant les quatre derniers mois. Enfin les contraintes étaient supprimées et remplacées par la saisie immédiate des fruits et des loyers.

. . . .

Nous venons de parler de la contribution foncière proprement dite. Il faut lui rattacher un autre impôt d'une nature toute spéciale : la *retenue.*

Par suite de la suppression des droits féodaux, il existait en France une foule de rentes foncières, perpétuelles et viagères. L'Assemblée appliqua à ces rentes l'ancien droit de *retenue royale.* Les propriétaires des fonds grevés de rentes, et ceux qui, avant la publication des nouveaux décrets, se trouvaient être débiteurs d'intérêt ou de rentes perpétuelles, avaient le droit de retenir le cinquième du montant des intérêts et des rentes. Cette retenue était censée proportionnelle à la contribution foncière, et le but de la loi était de frapper le créancier.

En effet, l'impôt foncier atteignait les biens grevés de la rente, sans qu'il fût tenu compte de la dette imposée au tenancier par suite du contrat de constitution de rente. Par conséquent, le tenancier payait l'impôt à la nation, aux lieu et place du créancier ; c'était une avance qu'il faisait à l'Etat et qu'il recouvrait par la retenue.

En ce qui concernait les contrats à venir, on pouvait stipuler qu'il n'y aurait pas lieu à retenue ; mais dans le cas de silence des contractants, la retenue était de droit.

. . . .

Nous avons dit que la Constituante, inspirée par les doctrines physiocratiques, aurait voulu maintenir uniquement la contribution foncière ; les nécessités financières l'obligèrent à garder un certain nombre d'impôts indirects. Nous ne nous occuperons ici que des droits d'enregistrement, puis nous ajouterons un mot sur la suppression du monopole des tabacs.

Sous l'ancien régime, les droits d'enregistrement portaient le nom de droits de *contrôle, insinuation et centième denier*.

Le contrôle correspondait au droit actuel d'enregistrement proprement dit ; l'insinuation a été remplacée par la transcription ; elle s'appliquait aux donations entre vifs. Le centième denier était un droit de 1/100 perçu sur les mutations d'immeubles entre vifs ou par décès.

Le texte qui régit notre matière est la loi des 5-19 décembre 1790[1]; elle fit l'objet d'un rapport, dont l'auteur principal paraît être Talleyrand. Cette loi supprime tout d'abord les anciens droits de contrôle, centième denier, insinuation, etc. Cette suppression n'empêche pas du reste l'établissement de ces mêmes droits sous d'autres noms.

L'abolition, qui avait été faite également, du retrait lignager, du retrait féodal et de l'expertise, était compensée, d'une façon très insuffisante, par la pénalité du double droit, en cas d'omission des formalités ou de stipulation d'un prix trop minime.

L'enregistrement des baux était soumis à un nouveau tarif. Les actes sous seing privé étaient assujettis à l'enregistrement, quand on voulait les produire en justice ou les relater dans un acte public. Mais, pour les mutations d'immeubles réels ou fictifs qui n'étaient pas enregistrées, la seule sanction était l'amende du double droit. En somme, la loi de 1790, rédigée hâtivement, appelait des modifications et des retouches qui ne tardèrent point.

Cette loi eut le mérite de condenser en un tout les règlements disséminés de l'ancien droit. Elle essaya d'établir le principe d'égalité en proportionnant les tarifs. Les échanges, qui, autrefois, étaient soumis à

1. Dalloz. — Répertoire, tome XXI, p. 10 à 15.

une perception de droits vis à vis de chaque contractant, n'eurent plus à supporter qu'un droit unique.

Il nous reste à parler de la suppression du monopole des Tabacs.

Depuis 1730, le monopole des Tabacs était affermé à une compagnie, sous la réserve de certaines garanties. En outre, la culture du tabac était interdite dans la plus grande partie du royaume.

A la Constituante, on discuta la question de savoir si le monopole devait être conservé, et la culture du tabac absolument interdite en France, ou bien si la culture devait être autorisée et le monopole aboli. Le rapport de Roederer, du 13 septembre 1790,[1] demande la liberté de culture, de fabrication et de débit, dans tout le royaume. L'Etat se réserverait la fabrication des tabacs étrangers. Mais la situation financière très critique fut cause que de nombreux membres de l'Assemblée, parmi lesquels Dupont de Nemours, firent violence à leurs idées, et demandèrent, au nom de l'intérêt bien entendu de l'Etat, que l'on conservât le monopole. Après de longs atermoiements, la discussion fut reprise. Roederer demanda, de nouveau, la liberté de la culture du tabac, au nom de la Constitution qui reconnaît, à tout propriétaire « le droit de cultiver ses terres comme il l'entend. »

Mirabeau intervint dans ce débat, pour vanter les avantages du monopole. Il y voyait un impôt libre portant sur un petit nombre de citoyens, épargnant

1. *Ancien Moniteur*, tome V, p. 638 et 639.

beaucoup de femmes et tous les enfants en bas âge. Roederer objecta que l'État n'avait pas le droit de défendre ou de gêner telles jouissances plutôt que telles autres; il montra l'immoralité d'un impôt qui poussait les pauvres à la contrebande et les privait d'un des rares plaisirs qu'ils pussent se procurer. Finalement, il proposa de nouveau la suppression pure et simple du monopole et la liberté complète de la culture, de la fabrication et de la vente du tabac indigène. La loi des 20-27 mars 1791 donna, pour quelques années, satisfaction aux partisans de la culture libre.

II

On pourrait se demander, à première vue, quels rapports unissent la question de propriété foncière individuelle à celle du droit des pauvres à l'assistance publique. Si l'on se place au point de vue des idées révolutionnaires, un peu de réflexion nous montre que ces deux questions sont liées et qu'elles se *pénètrent* en quelque sorte l'une l'autre. Du moment que l'État assure à une catégorie de citoyens les bienfaits de la propriété, en revanche, il paraît évident aux Constituants que les propriétaires doivent concourir à l'amélioration du sort des classes pauvres.

La parole fameuse de Mirabeau sur les riches, les propriétaires de biens-fonds qui sont les économes du corps social, n'est que l'expression saisissante de cette idée.

Les philosophes du XVIIIe siècle avaient longuement discuté sur les hôpitaux, sur l'assistance à domicile, sur le droit des pauvres aux secours publics. Nous avons cité la phrase bien connue par laquelle Montesquieu pose en principe le droit des citoyens à recevoir de l'État la subsistance, en cas de nécessité. L'Assemblée reprit les idées de Montesquieu, et s'inspira des principes qui suivent :

1° L'indigent a *le droit* d'être secouru. Il puise ce droit dans sa nature même, qui l'a fait libre et égal aux autres citoyens, et qui le pousse à conserver ces deux attributs.

2° C'est l'État, à l'exclusion des citoyens pris individuellement, et des corps ou congrégations, qui doit assurer le secours aux indigents.

3° Pratiquement, ce sont les citoyens propriétaires de biens-fonds et de capitaux, qui doivent normalement fournir à l'État les subsides nécessaires à l'assistance publique.

Examinons à présent le développement de ces principes dans l'œuvre de l'Assemblée.

Vers la fin du XVIIIe siècle, l'assistance publique était aux mains du clergé. De riches fondations permettaient à l'Église de subvenir aux charges immenses qu'elle avait assumées. Mais des critiques nombreuses s'étaient élevées. Les philosophes, et, en particulier, les rédacteurs de *l'Encyclopédie* menaient une violente campagne contre la façon dont on pratiquait l'assistance. Au nom du principe d'égalité, on demandait que les revenus des établissements charitables fussent centralisés et répartis entre les différentes provinces du royaume. En outre, on estimait que l'extinction du paupérisme, annoncée comme très prochaine, allait rendre inutiles les hôpitaux. Necker [1] s'efforça de combattre ces idées tout au moins singulières, en leur opposant le langage du bon sens et de la raison. Il réfuta l'objection d'après laquelle les hôpitaux entretiennent la paresse, et éloignent le peuples des idées d'économie et de prévoyance. Mais on ne l'écoutait guère.

Un des premiers soins de l'Assemblée fut la nomination d'un « *Comité pour l'extinction de la mendicité* ». Ce comité était chargé d'étudier les questions relatives au travail et au salaire. Il composa sept rapports sur cette question capitale [2].

Voici quelques idées essentielles extraites d'une parties de ces rapports. Le comité commence par établir le droit des hommes à la subsistance. On peut, suivant lui, définir l'indigence : la disproportion de la population d'un État avec les moyens que cet État peut employer et emploie effectivement à soulager cette population. Il faut donc encourager le travail qui, seul, peut accroître les capitaux et la richesse générale de la nation. C'est surtout l'agriculture qui doit être soutenue et encouragée, parce que c'est elle qui peut amener la disparition la plus complète de la

1. Necker, de *l'Administration des finances de la France*, tome III, chap. XVI.

2. Alexandre Monnier, *Histoire de l'Assistance publique dans les temps anciens et modernes*, chap. IV.

pauvreté. La société doit aux hommes du travail en abondance, c'est le seul mode d'assistance publique qui convienne aux hommes valides. Du reste, la Constitution de 1791 le reconnaît formellement :

« Il sera créé et organisé un établissement général de » secours publics, pour élever les enfants abandonnés, » soulager les pauvres infirmes et fournir du travail aux » pauvres valides qui n'auraient pas pu s'en procurer. »

Bien entendu, l'État ne doit fournir du travail qu'à ceux qui ne peuvent s'en procurer eux-mêmes. Cette question est extrêmement délicate. Une ingérence trop complète de l'État aurait des résultats désastreux. De même, les ateliers de charité peuvent avoir leur utilité, mais il présentent, en retour, de très graves dangers, et surtout ils ne peuvent arriver à résoudre la question; ce ne sont que des pis-aller.

En somme, l'État ne peut pas employer des moyens *privés*, *individuels*, pour donner du travail à ceux qui en manquent.

L'action de l'État doit s'exercer sur la masse et non pas sur chaque individu. C'est la législation générale qui doit fournir le travail à tous, en agissant au moyen d'une influence collective.

Ce qu'il faut encourager, c'est l'agriculture, l'industrie, le commerce; il faut faciliter les échanges et les débouchés, bien répartir les impôts, administrer sagement les hôpitaux, encourager l'ouvrier à l'épargne, établir le contrat d'assurance contre le chômage. Toutes ces idées sont excellentes, mais il faut avouer qu'elles sont aussi très vagues.

Cette assistance des personnes doit-elle être une charge nationale ou locale ?

L'assistance locale paraît séduisante ; mais ses inconvénients sont multiples. D'abord, le principe d'égalité se trouverait violé; il y a des communes riches et des communes pauvres. En outre, l'assistance locale immobiliserait le mouvement de l'industrie, les communes redouteraient de voir arriver les travailleurs pauvres en grand nombre; les municipalités se renverraient les misérables de l'une à l'autre.

Ensuite une *assistance locale* exige une *taxe locale* appliquée au soulagement de la misère. Cette taxe serait inégale et rendrait inégale la valeur des biens. Les propriétaires auraient tout avantage au maintien du *statu quo*.

Pas plus que les communes, les départements ne peuvent se charger de l'assistance publique; la centralisation en souffrirait, à cause de l'isolement qui se produirait entre les départements. En somme, l'assistance des pauvres doit être une charge nationale [1].

La Constituante n'eut pas le temps de donner suite aux propositions du Comité; elle se borna à rendre quelques décrets sur les hôpitaux; un décret du 14 décembre 1789 avait, pour la Ville de Paris, attribué au pouvoir municipal l'administration des établissements qui appartiennent à la commune, et par conséquent, celle des hôpitaux. Au contraire, le décret du 22 décembre suivant chargeait le Département, sous l'autorité et l'inspection du roi, de toutes les parties de cette admi-

1. Monnier, *loc. cit.*, p. 458 à 479.

nistration, et notamment de celles qui sont relatives au soulagement des pauvres et à l'inspection des hôpitaux.

En ce qui concerne les secours à domicile, on avait multiplié à Paris les souscriptions et les quêtes. Un décret de l'Assemblée, du 20 mai 1791, ordonne que la municipalité de Paris nommera plusieurs personnes chargées de recueillir, puis de répartir les revenus appartenant aux pauvres de Paris. Un arrêté du 5 août 1791, du corps municipal, créait une *Commission municipale de Bienfaisance* dont les attributions devaient consister à dresser l'état de la population indigente de Paris et de ses besoins et à y joindre celui de leurs rentes et revenus.

Pour subvenir à toutes ces dépenses, on avait excepté de la vente des biens nationaux, les biens des « hôpitaux, maisons de charité et autres établissements destinés au soulagement des pauvres » (loi du 5 novembre 1790). On conserva aussi aux hôpitaux les rentes et les dîmes qu'ils avaient sur les biens nationaux. Cette même loi du 5 novembre 1790 ordonne aux administrateurs des établissements de bienfaisance de rendre annuellement leurs comptes aux municipalités. Enfin la loi du 22 août 1791 supprima les exemptions de droits accordées jusque-là aux hôpitaux, et en revanche leur accorda quelques subsides dont la charge greva lourdement le Trésor et retomba ensuite sur les départements et les municipalités.

Tout ceci n'empêcha point les hôpitaux d'être plongés dans une profonde détresse ; les fonds de secours s'épuisaient continuellement, et la baisse énorme de valeur des assignats ne contribuait pas peu à augmenter le mal ; la Constituante transmettait aux Assemblées qui devaient la suivre une œuvre bien incomplète et dont elle s'était en somme bornée à poser les principes.

Comme on l'a vu plus haut, le Comité de mendicité n'avait pas seulement reconnu le droit des citoyens à l'assistance ; il avait aussi proclamé *le droit au travail*, autrement dit *le droit à l'existence*, pour employer la terminologie socialiste. Ce droit au travail, suivant le rapporteur du Comité de mendicité, découlait du droit de tout homme à sa subsistance. Tout homme valide doit travailler ; le travail industriel, commercial, intellectuel est à la portée de chacun, puisque les jurandes et maîtrises sont abolies.

Seulement, il est une catégorie d'hommes valides qui doit attirer tout spécialement l'attention ; il s'agit des indigents qui, désireux de gagner leur pain, ne peuvent se procurer de travail. C'est ce qui arrive souvent dans les époques de calamité et au moment des crises de l'industrie ou de l'agriculture. C'est alors que l'Etat doit intervenir. Il ne suffit pas de proclamer que tout homme a le droit de travailler, il faut encore venir en aide aux travailleurs nécessiteux et leur procurer ce qu'ils ne peuvent plus trouver, c'est-à-dire de l'ouvrage.

La Constituante s'en tint à ces considérations théoriques. C'est à leur propos qu'on a le plus souvent accusé la Révolution d'ouvrir la voie au socialisme. Il faut d'abord observer que le droit au travail, sous l'ancien régime, avait été affirmé par Montesquieu et par la plupart des écrivains du XVIIIe siècle.

Le roi étant le maître absolu et le père de ses sujets, il paraissait tout naturel qu'il dût assurer l'existence aux plus pauvres d'entre eux. La royauté elle-même n'était pas loin de partager cette idée qui faisait ressortir sa mission très élevée et quasi-divine. Avant 1789, de nombreux ateliers de charité existaient à Paris, où les indigents trouvaient un pain assuré pour quelque temps.

Une autre remarque s'impose : en 1789, l'industrie n'avait pas encore pris son essor ; on ne connaissait pas ces groupements immenses d'ouvriers et de capitaux qui sont la caractéristique de l'époque actuelle ; la lutte entre le capital et le travail n'avait pas pris naissance, et l'on ne pouvait soupçonner sous quelle forme aiguë et menaçante les questions sociales allaient se poser. Il n'y avait pas d'antagonisme entre l'ouvrier et le patron ; on trouvait tout naturel que les travailleurs s'en remîssent à l'État du soin de leur procurer ce qui leur manquait ; en un mot, il était impossible de prévoir quelles revendications excessives pouvait faire naître un souci trop complet de bonheur de tous.

III.

Nous venons d'esquisser quelques-unes des principales charges de la propriété foncière. A côté de ces charges, il faut noter aussi des restrictions à la propriété, qui lui donnent dans certains cas une forme spéciale. Une de ces restrictions, qui peut être considérée comme très importante, parce qu'elle met en jeu les principes essentiels que nous étudions, a trait à la propriété des mines.

Actuellement, la loi fondamentale en cette matière est celle du 21 avril 1810; mais le principe même de la propriété minière fut agité dès avant la Constituante, ce qui nous valut la loi du 12 juillet 1791. Les questions auxquelles se rattachait la discussion de l'Assemblée, sont d'ordre assez complexe et touchent à l'économie sociale plus encore qu'au droit civil.

Tout d'abord, quels sont les différents systèmes que l'on peut concevoir, relativement à la propriété des mines ?

1° Adam Smith préconise le système de *l'accession*, d'après lequel le propriétaire du fonds est aussi propriétaire du tréfonds. Il déclare que c'est le seul moyen de ne pas sacrifier les droits sacrés de la propriété privée à l'intérêt prétendu des revenus publics. Il faut remarquer néanmoins que Smith paraît avoir admis, à la rigueur, le système de la *domanialité*, dont nous parlerons tout à l'heure.

2° Un second système est celui du *premier occupant*. L'inventeur d'une mine en devient par cela même le propriétaire. C'était l'opinion de Turgot.

3° On a soutenu encore que les mines ne sont que des biens domaniaux ordinaires qui, par conséquent, appartiennent en toute propriété à l'État. C'est la théorie de la *domanialité*.

4° Une quatrième théorie reconnaît à l'État la propriété des mines, mais à titre simplement privé. C'est le système du *droit régalien*.

Les mines sont un patrimoine de l'État en vertu du principe que « ce qui n'appartient à personne appartient au prince ».

5° D'après un dernière théorie, les mines sont des *res nullius*. L'État, ici, agit en qualité de tuteur de la richesse publique pour créer, par voie de *concession*, une propriété au profit d'un particulier qui offre certaines garanties, et qui paiera un redevance donnée.

6° Citons, pour mémoire, le système récent de la *mine aux mineurs*, suivant lequel le mineur, qui exploite une mine, a droit à une part des bénéfices représentant la valeur du produit de son travail.

En France, sous l'ancien droit, le principe de la domanialité était appliqué et, depuis Louis XV, l'exploitation des mines était confiée pour toute la France à une compagnie privilégiée.

En 1789, cette compagnie fut supprimée, et le contrôleur général fut chargé de l'exploitation des mines et des concessions.

Nous arrivons à la Constituante. Deux théories méritent surtout d'attirer notre attention : celle de Turgot et celle de Mirabeau. Nous devons tout d'abord étudier le système que Turgot préconise dans un *Mémoire* paru en 1790.

Suivant Turgot, les principes généraux à observer sont les suivants : 1° le propriétaire du fonds n'est pas propriétaire du tréfonds ; 2° c'est le premier occupant qui est propriétaire des mines qu'il découvre ; 3° le souverain ne peut exciper d'aucun droit.

Le propriétaire du fonds n'est pas propriétaire du tréfonds, car la propriété implique la possibilité de garder un bien. Or, pour garder un bien, il faut, soit une force particulière du propriétaire, soit une force collective de la loi. La force particulière du propriétaire ne peut exister ; la force collective de la loi est inapplicable ; car d'une part *l'occupation* ne s'est pas étendue sur la mine, et d'autre part, la garantie accordée par la loi au travail du cultivateur ne peut être demandée ; le propriétaire du fonds ne subit aucun trouble du fait de la recherche des minéraux ; enfin, à l'origine de la propriété foncière, la loi n'avait pas les moyens de garantir la possession des matières souterraines ; elle n'a donc pris aucun engagement à cet égard.

Le propriétaire du fonds n'a par conséquent aucun droit. Et l'Etat, en a-t-il davantage ? Non.

De ce que le premier occupant, en vertu de son travail, acquiert la propriété de ses fouilles, il ne résulte pas que l'Etat puisse lui ravir cette propriété en l'assimilant aux terrains vagues.

Pour s'emparer d'un terrain vague, l'Etat n'a qu'à le vouloir; pour s'emparer d'une mine, l'Etat doit passer « par la superficie » et par conséquent violer une propriété privée, dans bien des cas. Ensuite, s'il est vrai que nul n'a de droit sur les terrains vagues, il est également vrai que chacun peut pratiquer des fouilles dans sa terre, en concurrence avec celui qui en ferait autant sans entrer dans le champ. Chacun peut donc ouvrir la terre dans son champ et continuer ses fouilles sous le terrain d'autrui.

Il est inutile de faire valoir l'intérêt de la société à l'exploitation régulière des mines. En effet, il est bien évident que beaucoup de propriétaires n'auront pas les moyens suffisants pour ouvrir des mines. Ceux qui entreprendront pareille tâche ne le feront qu'à coup sûr. L'intérêt individuel est le meilleur garant d'une exploitation rationnelle et profitable. Les règlements de police eux-mêmes seraient inutiles ; l'instinct de conservation assure les précautions nécessaires.

Ce fut Regnault d'Epercy[1] qui fut chargé du rapport à la Constituante, au nom des comités de constitution, des finances, d'agriculture et de commerce. Le rapporteur soutient d'abord que la propriété du fonds n'emporte pas celle du dessous.

Donc, le vrai propriétaire, c'est l'Etat. D'ailleurs, en fait, il est utile que l'Etat empêche le gaspillage et les travaux inutiles. Ainsi, le droit et l'utilité sont d'accord pour laisser à l'Etat la propriété des mines. Au point de vue utilitaire, certains députés proposaient un simple droit de surveillance au profit de l'Etat ; de cette façon le droit des propriétaires et l'intérêt de la société se trouvaient garantis tous les deux.

Mirabeau prit à son tour la parole.

Les mines, d'après lui, ne dépendent aucunement

1. Le rapport de Regnault d'Epercy, les débats et les décrets relatifs aux mines sont rapportées dans l'*Ancien Moniteur*, tome VII, p. 675, 677, 682, 736 et 739, tome VIII, p. 677, tome IX, p. 122 et 720.

de la surface. Si la société a créé la propriété, c'est dans l'intérêt de la culture. Donc, la surface seule du sol est garantie aux propriétaires. L'intérieur de la terre, en outre, n'est pas susceptible de partage; la division des propriétés, qui est le but vers lequel on doit tendre, ne peut pas s'appliquer au tréfonds ; c'est le contraire qui doit être recherché. Enfin, la situation même des mines les fait toucher à cent propriétés différentes. Donc, le droit d'accession est inapplicable. La vérité, c'est que la nation a droit à l'exploitation des mines. Son intérêt exige encore que cette exploitation soit méthodique et profitable. Un simple droit de surveillance serait donc insuffisant pour l'Etat. Il faut que la nation puisse *concéder* les mines.

D'autre part, l'intérêt du propriétaire exploitant ne doit pas être violé. Il faut maintenir le propriétaire exploitant, préférer celui qui veut exploiter, et s'abstenir de concéder des mines peu profondes, qui demandent peu de main-d'œuvre et peu de connaissances pratiques.

Le système du premier occupant est absurde ; il donnerait lieu à une foule de conflits ; le propriétaire du fonds se trouverait presque toujours écarté.

La loi du 12 juillet 1791 adopta un moyen terme. Elle déclara que les mines et minières ne seraient exploitées qu'avec l'autorisation de la Nation, et sous la charge d'une indemnité accordée au propriétaire du fonds. Cette indemnité devait uniquement représenter le double de la valeur du fonds rendu inutilisable.

Le propriétaire du fonds avait en outre un droit de préférence pour l'exploitation du capital des mines qui se trouvaient sous sa propriété. La durée des concessions était limitée.

Telle fut l'œuvre de la Constituante, œuvre éphémère qui suscita beaucoup de mécontentements. On reprochait à la loi d'être une transaction entre les différents systèmes et d'empêcher par la limitation de la durée des concessions, les exploitants d'amortir leur capital.

Une théorie féconde avait été cependant rapidement esquissée. Certains économistes proposaient d'adopter le système de l'accession, tout en confiant, en principe l'exploitation des mines à des syndicats de propriétaires ou à des compagnies de mineurs, patrons et ouvriers, lesquels achèteraient la surface des terrains dont ils exploiteraient ensuite le tréfonds.

Ce système fut naturellement écarté. Tout ce qui impliquait l'idée d'association était impuissant à trouver grâce devant la Constituante. Mirabeau combattit avec force cette théorie, en prétendant que de tels syndicats seraient viciés par deux causes : 1° la trop grande quantité de syndicataires et 2° le manque de capitaux. Il ajoutait que les entreprises de ce genre avaient toujours échoué ; par conséquent, elles étaient destinées à toujours échouer. Enfin l'organisation de compagnies de mineurs lui paraissait « *contraire aux principes de la Constitution* ».

Mirabeau, comme toujours, reflétait dans ces phrases, qui n'étaient sans doute pas de lui, l'esprit d'une Assemblée imbue du principe exclusif d'individualisme.

CONCLUSION

Nous avons étudié séparément les idées de la Constituante, relatives au principe de propriété et à ses attributs. Nous nous efforcerons, en terminant, d'esquisser la théorie générale de la Révolution en la matière, théorie considérée dans ses rapports avec l'évolution du droit de propriété.

L'idée dominante est celle-ci : le droit de propriété ne présente pas un caractère immuable ; il a varié dans ses attributs et dans son objet ; la Révolution eut précisément pour but de le transformer. Quelles furent ces transformations, et comment les concevait-on ? Voilà une première question, que doit compléter celle-ci : le résultat fut-il conforme à ce qu'on espérait ? Autrement dit : qu'a voulu faire la Révolution, qu'a-t-elle fait réellement ?

Les économistes ont longuement décrit l'évolution du droit de propriété, et les origines multiples qu'on a cherchées pour ce droit. Ils nous ont tout d'abord montré, dans un premier stade, la terre cultivée en commun et appartenant à la tribu tout entière. Un petit nombre d'hommes disposent d'une immense étendue de terrain ; ils cultivent les champs les plus fertiles, se partagent les produits et abandonnent leurs champs dès qu'ils sont épuisés. On ne connaît que la propriété mobilière, celle qui porte par exemple sur les fruits.

Dans un second stade, les procédés de culture sont devenus moins primitifs. Le travail des champs étant plus pénible, celui qui cultive une terre en a la possession tout au moins temporaire. Peut-être y eut-il des partages périodiques chez les Germains. En tous cas, ce régime exista certainement en d'autres pays, jusqu'au jour où se constitua la propriété de famille. La terre ne sortit plus du clan familial, et la famille basait son droit sur l'occupation ou la prescription.

Avec le régime féodal commence une longue période qui ne finira qu'à la Révolution. La conquête a mis le territoire entre les mains du plus fort ; c'est donc un nouveau droit — celui du plus fort — qui prend naissance. Le conquérant, toutefois, ne garde point la possession effective des terres qu'il a enlevées. Il retient le domaine éminent et cède le domaine utile. Mais, au début de la féodalité, le droit de propriété ne se partage point, il reste tout entier attaché au domaine éminent. Le domaine utile n'est qu'un simple droit de jouissance.

Dans la suite, le régime féodal ayant perdu son caractère primitif, le droit du vassal se modifie. Le simple détenteur précaire devient un véritable propriétaire. Tout d'abord, le fief et la censive se transforment en fonds servants, unis au fond dominant par un lien de servitude, donc par un lien perpétuel. Ce lien perpétuel amène, par voie de conséquence, le vassal et le censitaire à se considérer comme les vrais propriétaires, tout en respectant le droit supérieur du seigneur qui forme une propriété à part, mais qui consiste uniquement en une « seigneurie d'honneur », suivant l'expression de Pothier. Ainsi, la terre est dans les mains de celui qui la cultive; la Révolution n'a plus que peu de chose à faire pour supprimer la seigneurie d'honneur et lui substituer définitivement la propriété foncière libre, telle que nous la concevons aujourd'hui.

Arrêtons-nous au seuil du XVIIIme siècle. Quelles sont, à cette époque, les idées sur les rapports de la propriété avec les hommes ? On a délaissé la vieille théorie du droit romain, d'après laquelle la propriété dérive du travail et forme un droit naturel et sacré. Les une affirment que le roi est le propriétaire de toute la terre du royaume. Il peut donc disposer à son gré de cette terre sans violer les droits de ceux qui la détiennent, puisque ces droits sont inexistants. Louis XIV déclare énergiquement qu'il a naturellement la disposition entière de tous les biens qui sont possédés par des gens d'Eglise ou par des séculiers. Ceux-ci ne les occupent que « pour en user en tout comme de *sages économes* ». Mirabeau, dans la suite, reprendra ce mot.

En fait, le roi ne se fait aucun scrupule de confisquer les biens de ses sujets. Plus tard, quand le pouvoir royal aura disparu, on ne devra pas s'étonner de voir la nation afficher les mêmes prétentions.

D'après une seconde théorie que nous avons analysée plus haut, et qui sera reprise par les Constituants, la propriété a pour fondement la loi civile qui peut, à son gré, la modifier et la transformer.

Ce qu'il faut remarquer surtout, c'est que l'immense majorité se refuse à faire de la propriété le fruit du travail et de la liberté personnelle.

Locke avait cependant insisté avec force sur cette idée, et soutenu que l'homme, étant le maître de sa personne et de son travail, a toujours en soi le grand fondement de la propriété. Il ajoutait qu'au début, le travail avait donné le droit de propriété. Rousseau admet bien que, dans les sociétés, le travail fonde la possession, mais il veut l'intervention de la loi pour transformer cette possession en un droit de propriété respectable pour tous. Enfin les physiocrates, qui faisaient de la propriété un droit naturel, ajoutent parfois que l'État est co-propriétaire de toutes les terres du royaume. C'est donc encore une restriction au droit naturel des individus.

Sur ces entrefaites, le mouvement révolutionnaire, longuement préparé, se produit. Conformément aux tendances de la philosophie, on commence par déclarer que l'individu est une *raison pure*, et la société un *commerce d'idées*, selon le mot de Kant[1]. Ainsi l'homme abstrait doit être seul envisagé.

Ce qu'il faut assurer à l'homme, ce qui doit être la

1. Voir *Espinas. Philosophie sociale du XVIIIe siècle*, p. 27.

fin de toute législation, c'est la liberté et l'égalité : la liberté, qui est une conséquence de la nature de l'homme, l'égalité sans laquelle il n'est point de liberté possible. Mais la liberté implique la propriété, basée sur l'occupation et sur le travail, et l'hérédité, qui n'est que le prolongement de la propriété. Après avoir affirmé ces droits imprescriptibles de l'homme, la Constituante s'efforce de mettre les faits en harmonie avec les idées. Elle s'attaque tout d'abord à la propriété féodale puisqu'avant d'édifier, il faut détruire. Les institutions anciennes ont perdu leur raison d'être, elles disparaîtront donc. Un homme ne peut pas être propriétaire d'un autre homme; tout ce qui touche au servage sera aboli. Les alleux remplaceront partout les fiefs ; l'échafaudage ancien et compliqué sera détruit; les particuliers auront la libre disposition des biens qui leur appartiennent.

Nous l'avons remarqué plus haut : en abolissant d'un trait le régime féodal, la Constituante avait gravement attenté au principe de propriété, puisqu'elle ne respectait point l'origine contractuelle de beaucoup de droits. En outre, les indemnités promises aux nobles dépouillés ne furent pas payées. Ainsi, l'on a pu dire que la Constituante a fondé la propriété des uns aux dépens de la propriété des autres. A ceux qui ont taxé cette mesure de socialiste, on a répondu que c'était du socialisme monarchique. Le roi, ayant la directe universelle, pouvait, en renonçant à cette directe, supprimer toutes les autres et ne laisser debout que le domaine utile. Le peuple, agissant comme souverain, n'aurait donc fait qu'exercer un droit, et, d'ailleurs, l'inconvénient n'était pas très grand, puisque la propriété se trouvait, par là même, définitivement affermie et libérée. Il ne pouvait entrer dans l'esprit des révolutionnaires qu'un jour viendrait, peut-être, où les ouvriers s'écrieraient : « Les paysans cultivaient la terre, vous la leur avez donnée ; c'est par nous que les usines fonctionnent, elles doivent aussi nous appartenir, puisque c'est le seul moyen de nous assurer le fruit de notre travail ».

Pour imaginer ce raisonnement, il aurait fallu prévoir le développement énorme de l'industrie et de la propriété mobilière. Or, en 1789, on ne connaissait guère qu'une seule richesse : la terre. Les Constituants seraient donc tout au moins excusables, et l'on aurait tort de leur attribuer l'idée d'un bouleversement futur de la société ; ils s'imaginaient, au contraire, avoir définitivement assis le régime de la propriété, et ne doutaient point de l'excellence de leurs principes.

Les droits féodaux une fois abolis, il s'agissait de régler la succession des biens dans les familles, de façon à éviter le retour au passé. Or, on devait ici concilier deux principes également respectables. Tout d'abord, les propriétaires actuels usent d'un droit sacré en disposant librement de leurs biens pendant leur vie, mais il n'est que juste de permettre à leur descendance de profiter de l'héritage paternel ; s'ils n'ont point d'héritiers naturels, ils peuvent transmettre ce qu'ils possèdent à qui bon leur semble. D'autre part, il est à craindre, si l'on admet le droit de disposer illimité, que la plupart des citoyens se trouvent dans l'impossibilité d'acquérir une portion quelconque du sol, par suite de l'accaparement inévitable qui se produira ; en effet, les majorats, les substitutions, les fondations ne tarderaient pas à créer une nouvelle aristocratie, maîtresse de tous les biens-fonds. Que deviendrait alors le principe d'égalité, et le droit de tous les hommes à la propriété ? Car il est à remarquer que la préoccupation constante de la Révolution a été de créer le plus de propriétaires possible ; on sait les motifs qui la poussaient, et l'on peut ajouter que ces motifs étaient excellents ; rien de plus naturel en effet ni de plus juste que de fonder l'ordre social sur l'intérêt que trouveront les individus à sa conservation.

On a trop reproché à la Constituante son esprit spéculatif et ses vues peu utilitaires, pour ne pas lui faire honneur d'une idée aussi juste, aussi pratique. Sans doute, en décrétant l'égalité des partages, on a gravement lésé les intérêts de la famille et peut-être ceux de l'État, mais l'idée même d'une répartition plus égale des richesses et surtout de la terre mérite d'être entièrement approuvée. La Révolution avait en vue l'affermissement de la propriété privée ; elle voulait empêcher l'immobilisation de cette même propriété et favoriser son accession à tous.

Elle eut le tort d'insister avec trop de force sur ce point ; on en tira des conséquences nettement socialistes ; on affirma, par exemple, que les pauvres ne tarderaient pas à rentrer dans le domaine de la nature dont ils sont les enfants bien-aimés, on en vint à proposer la loi agraire, mais ces mesures violentes sont en contradiction complète avec les sentiments de l'Assemblée tout entière ; le grand tort de cette dernière a été de partager les idées de Mirabeau et de Tronchet, en faisant de la propriété une création sociale ; le « terrain mobile » de l'utilité sociale constatée par la loi civile paraît insuffisant pour asseoir un droit aussi essentiel. Ici encore, les socialistes ont montré le profit qu'ils pouvaient tirer d'une telle conception : puisque le législateur est juge de l'utilité de ce droit, il pourra le supprimer purement et simplement.

L'excuse des Constituants, c'est qu'ils n'avaient fait que répandre la tradition de la monarchie absolue, pieusement entretenue par les légistes ; d'ailleurs, il ne faut pas être dupe des mots ; quand Mirabeau traite les propriétaires de salariés, il reconnaît en même temps que ces salariés sont absolument indispensables ; le droit de propriété dérive de la loi, mais la loi est tenue de le consacrer, et ce droit n'est pas seulement inscrit dans le code, il est aussi compris parmi les droits imprescriptibles et sacrés proclamés par la Déclaration des droits, et l'on sait qu'aux yeux de la Révolution, ce dernier acte ne faisait que *constater* ce qui est et ne créait absolument rien. Or, si les Constituants voient dans la propriété une création sociale, ils font également de cette création un accessoire obligé de la société et qui durera autant qu'elle.

Nous avons décrit les débats de la Constituante, relatifs aux biens du clergé et à ceux des jurandes et maîtrises. Nous savons également quel était son but :

remédier à l'état déplorable des finances et surtout abattre la puissance des personnes morales. Les Constituants s'imaginaient qu'ils ne portaient nullement atteinte au droit de propriété. Puisque l'individu seul existait, puisque les corps n'étaient que des fictions, on ne violait aucun droit. Les orateurs de la gauche pouvaient aussi s'inspirer de nombreux précédents : dans les temps de calamité publique, les rois n'avaient jamais hésité à mettre en vente des portions considérables de biens ecclésiastiques, et jamais le clergé n'avait protesté. On se rappelle tous les arguments de droit qu'on ajoutait à cette constatation. On se rappelle également les arguments présentés par les partisans du clergé. En somme, la Constituante, à son point de vue individualiste, était restée très logique, et l'on se figurerait à tort que les arguments employés contre les personnes morales lui auraient semblé valables à l'égard des individus. L'erreur capitale gît dans le point de départ, qui est la négation du droit des corps à l'existence. Supposons cette négation conforme à la vérité, il serait impossible de voir dans l'ensemble de la discussion une théorie socialiste. Mais nous avons montré ce qu'il y avait d'inexact dans ces raisonnements, et combien les doctrines professées présentaient de danger pour l'avenir.

Ainsi, partout et toujours, nous constatons l'esprit d'individualisme combiné avec un respect profond de la propriété individuelle. On a souvent répété que le droit au travail (et en particulier, le droit à l'assistance publique) procédait au contraire de l'idée de solidarité. Rien de plus faux, à notre avis.

Par cela même qu'on isole l'individu, il ne peut être question de liens de solidarité. Ajoutons que c'est principalement en matière d'assistance publique qu'apparaît le danger ou l'insuffisance de l'individualisme. Son danger : puisque tout homme, parce qu'il est homme, a droit aux secours de l'Etat, celui-ci, pour remplir les obligations qui lui incombent, devra augmenter son budget dans des proportions effrayantes et tourner au socialisme. Si l'Etat ne peut faire face aux besoins multiples des pauvres, ceux-ci se trouveront réduits à implorer, comme auparavant, la charité de leurs concitoyens, mais à quel titre ? Et d'ailleurs, il n'est pas possible que l'Etat se dérobe ; on objectera bien que si la nation a le *devoir* d'assister les pauvres, ces derniers n'ont pas le *droit* d'exiger des secours. Cette objection a même été présentée par des esprits sérieux, par des libéraux ; mais c'est là une distinction qui repose sur une subtilité doublée d'un sophisme. Qu'est-ce qu'un droit sans devoir correspondant ? Si donc on veut satisfaire l'idée de justice, il est bon, il est nécessaire qu'entre le pauvre et l'Etat se placent les associations de charité sous toutes leurs formes : associations purement charitables, sociétés de secours mutuels, etc. Par elles, la charité perdra ce caractère dégradant qu'on lui a tant reproché. Le besoigneux n'aura pas à craindre de s'adresser à elles, au nom de la solidarité sociale, puisque, la plupart du temps, il sera, tout à la fois, donateur et donataire. Il suffit que l'Etat prenne soin de ceux des membres de la société qui ne *veulent* pas travailler, en employant, à leur égard, les mesures de coërcition que justifie un danger social. Les vrais pauvres, ceux qui ne *peuvent* pas travailler, seront toujours trop nombreux pour que l'assistance publique leur suffise, et la charité privée aura longtemps encore, si ce n'est toujours, l'occasion de s'exercer. A l'Etat de l'encourager, de le protéger, sans lui mettre des entraves inutiles.

Il est temps de porter, sur l'œuvre de la Constituante et à propos de notre matière, un jugement d'ensemble. Quels sont, en somme, les reproches qu'on peut lui adresser ; de quels bienfaits l'avenir lui sera-t-il redevable, voilà ce que nous voudrions essayer de déterminer.

On reproche d'abord à la Constituante ses théories économiques insuffisantes. Des quatre catégories actuelles de revenus : rente foncière, intérêt, profit et salaire, elle n'a guère considéré que les deux premières ; inspirée par les physiocrates, elle a cru que la terre était la source de toutes richesses ; elle a adopté leur théorie de la rente. D'après cette théorie, reprise et complétée par Ricardo, le revenu foncier est dû aux facultés naturelles du sol, et le propriétaire le perçoit en vertu d'un vrai monopole, d'un privilège. Mais alors, est-il vrai de dire que la terre n'est pas un produit du travail ? Et si la terre n'est pas un produit du travail, comment justifier son appropriation ? La Révolution n'y songe point. Elle se contente de définir le droit de propriété, sans y faire entrer la notion de travail.

Il serait injuste de faire grief aux Constituants de cette omission. L'économie politique était à peine développée, et le besoin de forger des armes contre le socialisme scientifique ne se faisait pas encore sentir. On ne tarda point du reste à sentir l'insuffisance des théories admises. Dès le Consulat, les idées se modifièrent; on montra que la propriété est un fait constant et universel, qui reposait sur un instinct de l'homme; on combattit ceux qui faisaient dériver le droit de propriété de la loi civile et on les accusa de confondre le droit avec la garantie du droit. Aux objections des communistes, on répondit que la propriété est un fait économique, une condition absolue du progrès, qu'elle est fondée sur l'utilité sociale, laquelle se confond avec la justice.

La justice et l'utilité sociale commandent de laisser le capital à celui qui l'a créé par le travail et par l'épargne. Or, oserait-on nier que l'homme ait créé le sol cultivable? On ajoutait : supprimez la propriété; que mettrez-vous à sa place? Les conséquences économiques résultant de cette suppression seront désastreuses. D'ailleurs, il n'est pas vrai que la violence ait fondé la propriété; l'inégalité des propriétaires vient de l'inégalité naturelle des talents et des destinées et ne prouve rien.

La Révolution n'a point fait l'analyse du profit, parce qu'elle ne concevait que la richesse territoriale. Elle n'a donc pas justifié le revenu de l'entrepreneur contre les violences attaques de Robert Owen; elle n'a point montré que le profit n'est que la rémunération du travail personnel de l'entrepreneur, travail qu'on a décomposé ainsi : invention, direction, spéculation commerciale et monopole.

Elle n'a pas analysé davantage le salariat, et la raison en est facile à comprendre. Avec la Révolution commençait une nouvelle étape pour les salariés. On venait de supprimer les réglementations du système corporatif, on venait d'abolir les jurandes et maîtrises, et l'ouvrier se trouvait placé dans une situation toute nouvelle qu'il était difficile de décrire d'avance. Désormais, les travailleurs étaient libres de discuter avec les patrons les clauses du contrat de travail ; la main-d'œuvre devenait une marchandise soumise aux lois de l'offre et de la demande. C'était le point de départ d'une extension énorme de l'industrie et du commerce. La Constituante ne prévit pas cette extension ; elle ne songea ni à la réglementation des heures de travail, ni aux assurances contre les risques ; en un mot, elle ne sentit que faiblement le besoin d'une législation ouvrière. Ce fut la faute du temps plutôt que des hommes ; l'avenir échappait à ceux-ci.

Un second reproche, très fondé celui-là, est le suivant : la Constituante a donné prise à des soupçons de socialisme, par l'exagération de l'idée d'égalité. A force d'insister sur le droit des citoyens à l'égalité, non pas seulement, comme on l'a dit, à l'égalité devant la loi, mais à l'égalité matérielle, effective, on a fini par sacrifier, en apparence tout au moins, l'égalité à la liberté. On paraissait oublier que la liberté est antérieure à l'égalité, et qu'avant de se juger égal aux autres, l'homme doit commencer par éprouver le sentiment de sa liberté. L'égalité n'est qu'un *moyen* propre à assurer cette fin, qui est la liberté. Si, au contraire, on considère l'égalité comme une fin, ou tout au moins si l'on agit comme l'on devrait agir en prenant l'égalité pour fin (car il n'est pas une école collectiviste ou communiste qui ne prétende avoir pour but final la liberté), dans ce cas, on supprime ou l'on sacrifie la liberté ; c'est la lutte des classes, au détriment de ceux qui possèdent, sans profit pour ceux qui n'ont rien. Plutôt que de supporter des inégalités, on ira jusqu'à l'égalité dans la misère, au nom de la justice et en dépit de l'utilité. Sans doute, la Constituante fut loin de prévoir ces conséquences logiques d'un principe dangereux ; elle voulait au contraire le bonheur pour tous ; si elle a exagéré l'idée d'équité, c'était en haine de l'ancien régime et de ses privilèges abusifs ; elle n'a pas moins suivi une voie périlleuse.

La Constituante, et c'est le reproche capital que nous lui adressons, a méconnu les corps et personnes morales. On peut lui trouver de nombreuses excuses ; elle avait à craindre pour elle-même des dangers très réels qu'il serait puéril de nier. Les personnes morales étaient de grands obstacles aux changements qu'on méditait. L'attachement au passé, la haine de certaines réformes légitimes caractérisaient certaines d'entre elles, mais non pas toutes. Il suffit de relire les cahiers des États-Généraux ; on constate facilement que les personnes morales ne jugeaient pas que tout fût pour le mieux dans le meilleur des mondes. En somme, on les redouta plus que raison. En outre, pour redoutables qu'elles fussent, elles vivaient cependant; et la loi est impuissante à supprimer ce qui lui préexiste. Puisque les lois ne sont que l'expression des rapports nécessaires entre les choses, on peut se demander s'il est bien utile que le législateur passe sous silence la constatation de certains faits importants dont l'existence ne dépend pas de lui. L'individualisme à outrance qui sévit à cette époque ne fut peut-être pas l'indice d'une compréhension des choses aussi vaste et aussi saine qu'on l'a prétendu. On ne s'aperçut pas qu'il eût été prudent de ménager entre l'individu et l'État une transition, et d'établir une balance entre l'homme, les corps et la nation, identique à la balance des trois pouvoirs politiques. Pour beaucoup, tout ceci est plus que douteux ; l'avenir nous dévoilera sans doute la vérité ; mais il reste acquis que l'on a violé des droits respectables, et créé pour l'avenir des précédents dangereux.

Quatrième reproche, découlant de celui qui précède. La Constituante, imbue des idées de Rousseau, n'a pas fait au droit d'association la place qui lui est dûe. La loi du 28 mars 1791 avait aboli les corporations. La loi du 17 juin 1791 supprima la liberté d'association professionnelle.

Il était interdit aux citoyens ayant de *prétendus intérêts communs* de se réunir et de s'associer. On craignait de voir renaître les monopoles industriels et commerciaux de l'ancien régime ; on redoutait tout ce qui paraissait devoir s'élever contre l'État. La Constituante ignorait que les transformations économiques allaient rendre les associations indispensables. Quant aux syndicats ouvriers on n'en voyait que les dangers. Les intérêts communs des ouvriers étaient sacrifiés à la crainte de l'oppression des syndicats ; quant à ceux des patrons, ils ne semblaient pas liés à l'existence des groupements professionnels. En ce qui concerne les dangers de la tyrannie des syndicats, il y avait une grande part de vérité dans les arguments proposés et l'idée d'une réglementation minutieuse eût été des plus justes ; mais la Révolution préféra s'abstenir et laisser cette charge très lourde à l'avenir.

Enfin, les Constituants eurent le tort de ne pas développer suffisamment l'idée de *devoir*. Puisqu'on affirmait les droits de l'homme, il n'était pas inutile de rappeler que l'individu avait des devoirs correspondants. Les devoirs du citoyen ne sont pas seulement passifs ; ils ne consistent pas uniquement dans le respect du droit des autres, comme l'enseigne la doctrine purement individualiste ; et l'on aurait tort d'affirmer que tout homme a droit à l'égoïsme, sous prétexte que nul ne peut scruter la conscience de son voisin.

Les hommes sont unis entre eux par les liens d'une étroite solidarité morale qui leur impose des devoirs très précis ; ces devoirs sont purement moraux ; ils sont dépourvus de sanction, mais ils existent néanmoins. Il n'est pas difficile de déterminer ces obligations morales ; chacun puise en soi-même les lumières nécessaires pour les apercevoir.

A côté de ces lacunes, il n'est que juste de reconnaître les mérites de l'œuvre que nous jugeons. Tout d'abord, la Constituante affirma beaucoup de principes essentiels qu'on avait jusqu'alors méconnus et violés.

Les esprits délicats ont tort de railler trop souvent ce qu'ils appellent *les immortels principes*, puisqu'en somme ces principes constituent, pour la plupart, des vérités évidentes et qu'il était bon de mettre au jour.

Nous disions, en commençant, que l'œuvre de la Révolution avait été très logique. Une restriction s'impose ; par une heureuse contradiction, cette Révolution, qui avait exalté le principe d'individualisme, a cependant été secouée par un souffle d'idées généreuses, qui l'ont propagée à travers le monde. C'est en vain qu'elle isole l'individu, qu'elle méconnaît la solidarité ; on ne saurait nier pourtant que cette époque ait enfanté de grands dévouements et produit des exemples admirables d'abnégation.

Enfin la Révolution a pressenti cette grande loi dynamique qui pousse invinciblement les sociétés vers la démocratie ; elle a voulu donner à toute l'Europe l'exemple d'une nation qui ne craint pas de lutter pour le triomphe d'une idée pure, sans le secours d'une morale étroite et utilitaire. C'est par là qu'elle laissera des traces ineffaçables.

Vu : Le Président de la Thèse :
BOURGUIN.

Vu : Le Doyen,
Louis VALLAS.

Vu et permis d'imprimer :
Lille, le 19 juin 1899,
Le Recteur,
J. MARGOTTET.

TABLE DES MATIÈRES

Lille. — Imprimerie H. MOREL, 77, Rue Nationale. — 6-99.

www.ingramcontent.com/pod-product-compliance
Ingram Content Group UK Ltd.
Pitfield, Milton Keynes, MK11 3LW, UK
UKHW020144200726
13856UKWH00003B/838